Animaux
RELIER LES POINTS
Pour Enfants 4-8 Ans

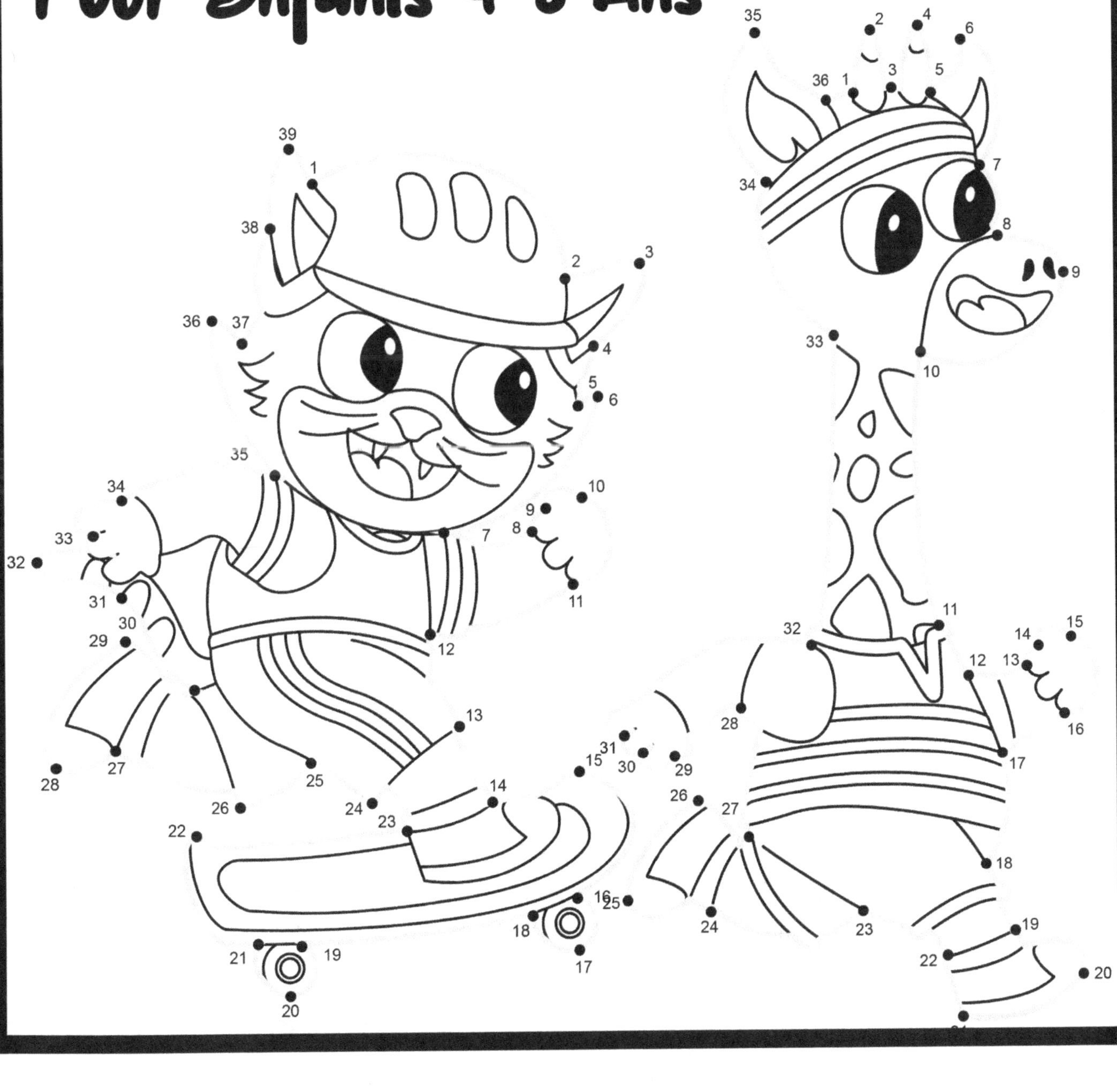

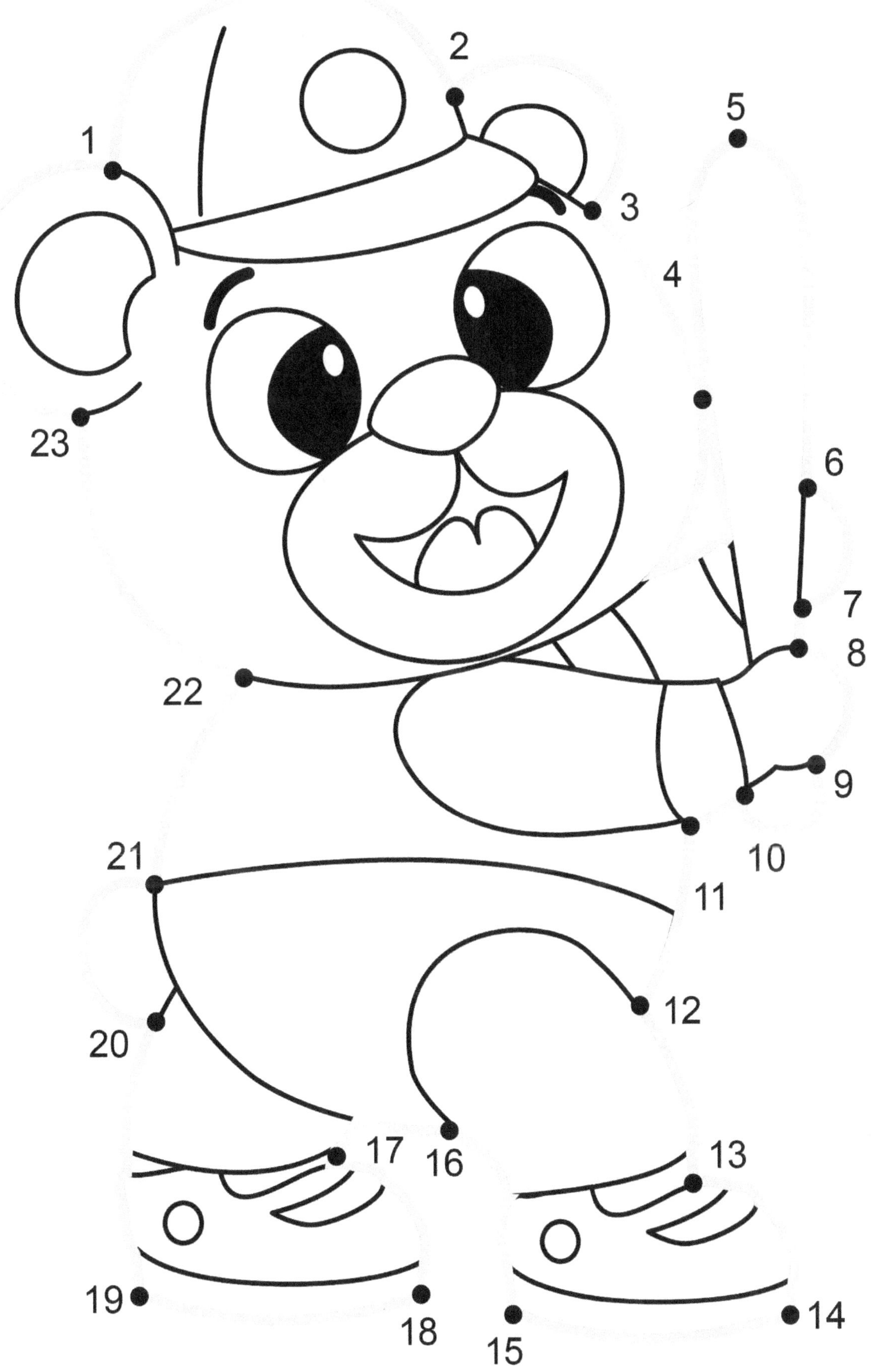

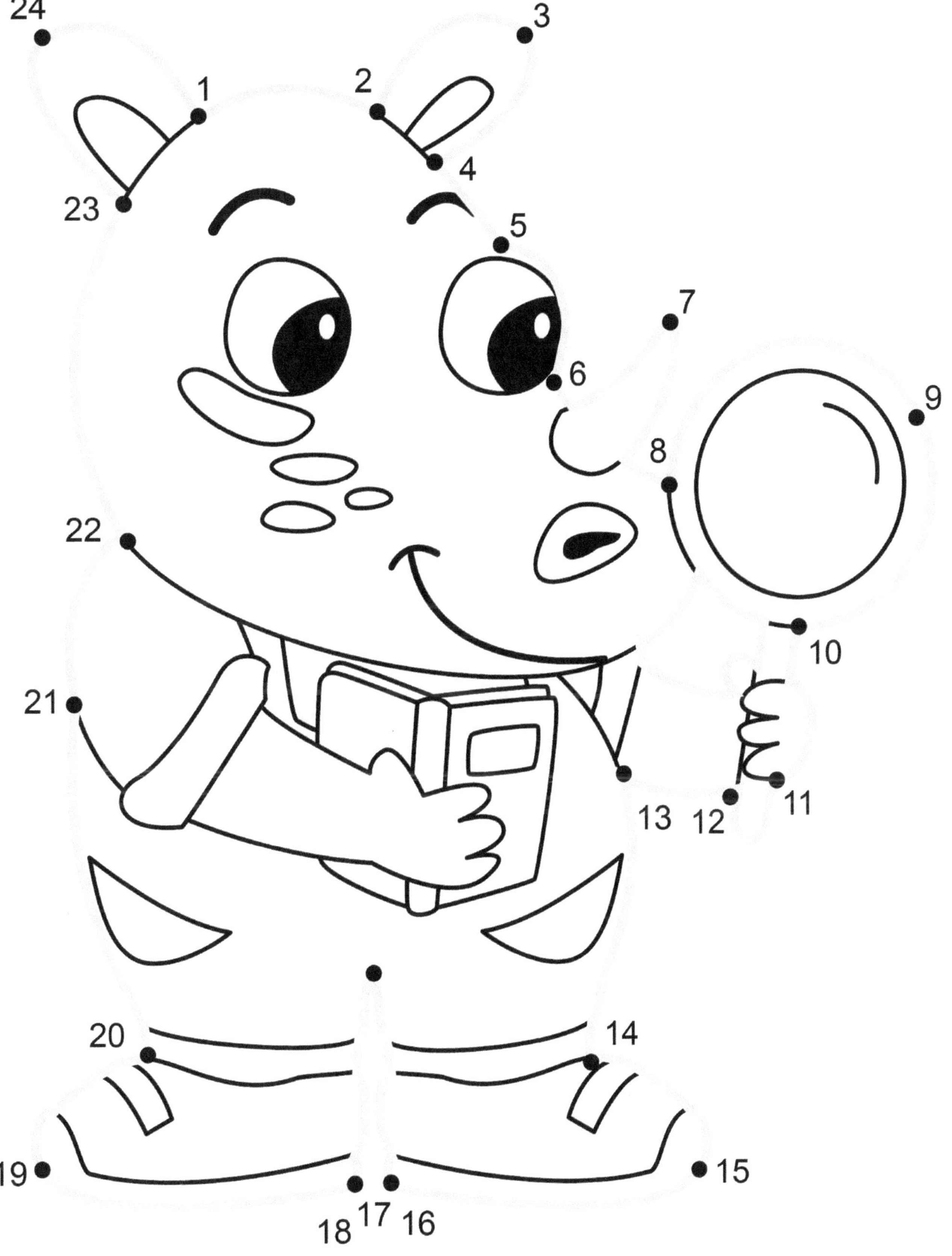

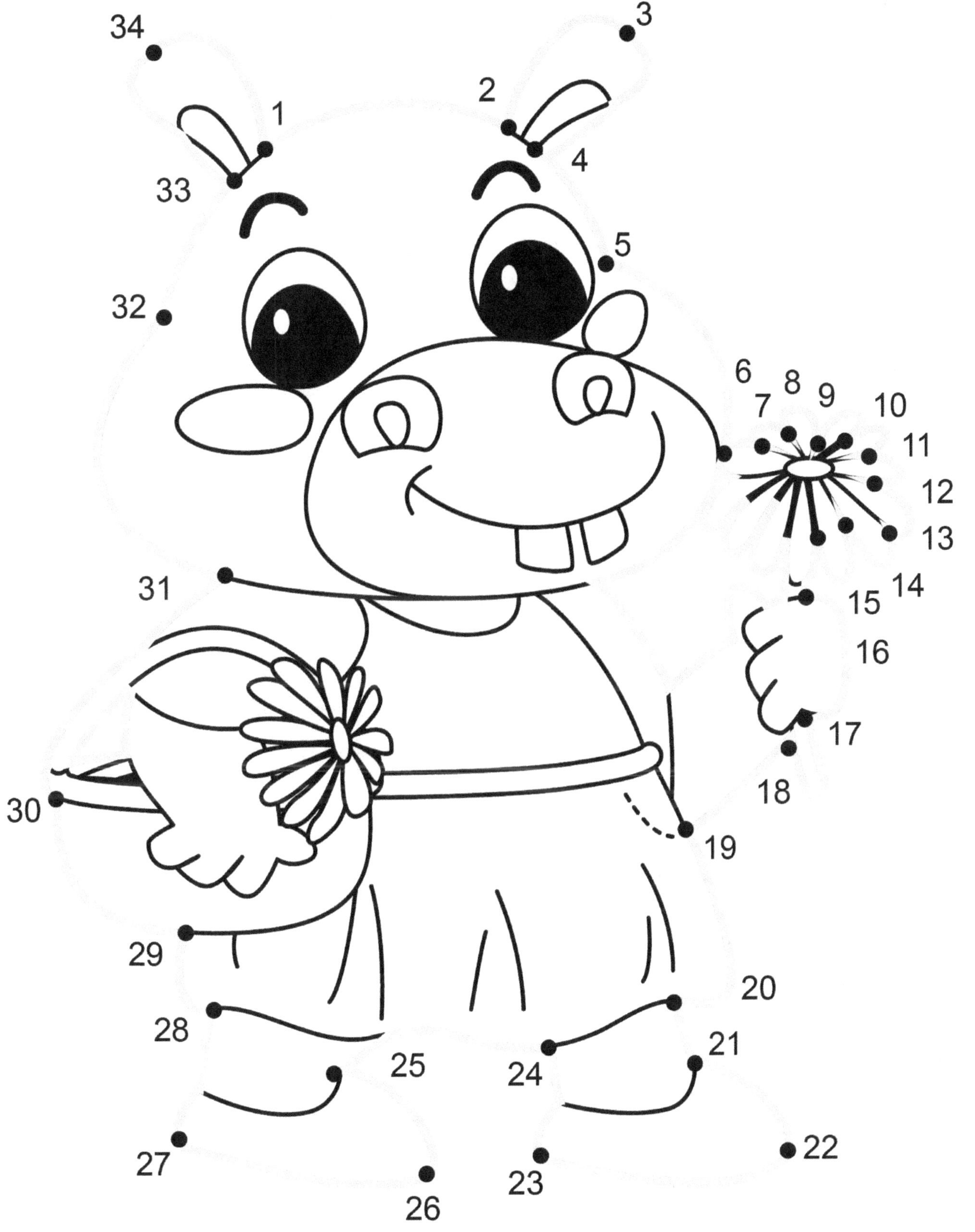

34
3
1
2
33
4
5
32
6 7 8 9 10
11
12
13
31
14
15
16
17
30
18
19
29
20
28
21
25
24
27
23
22
26

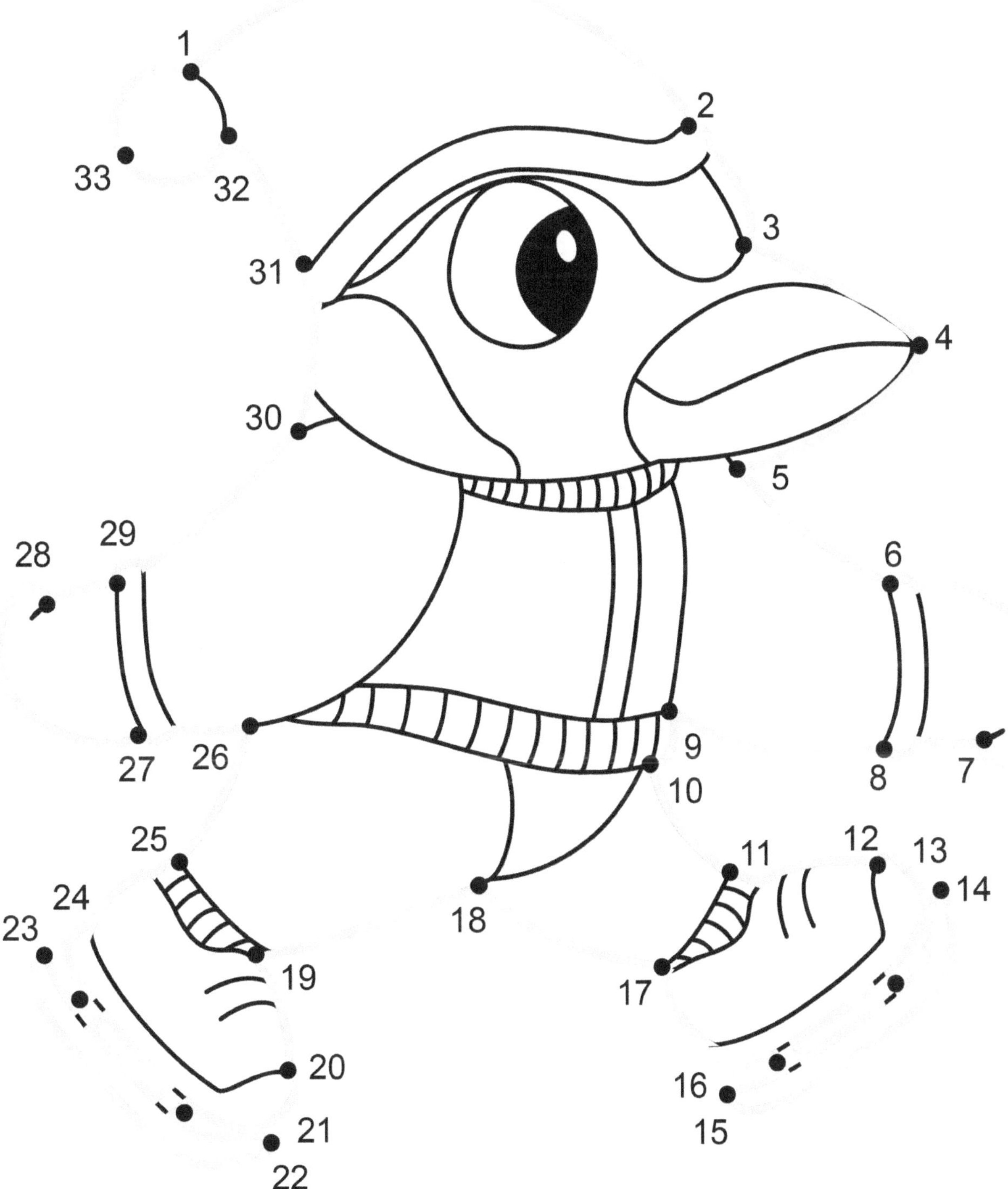

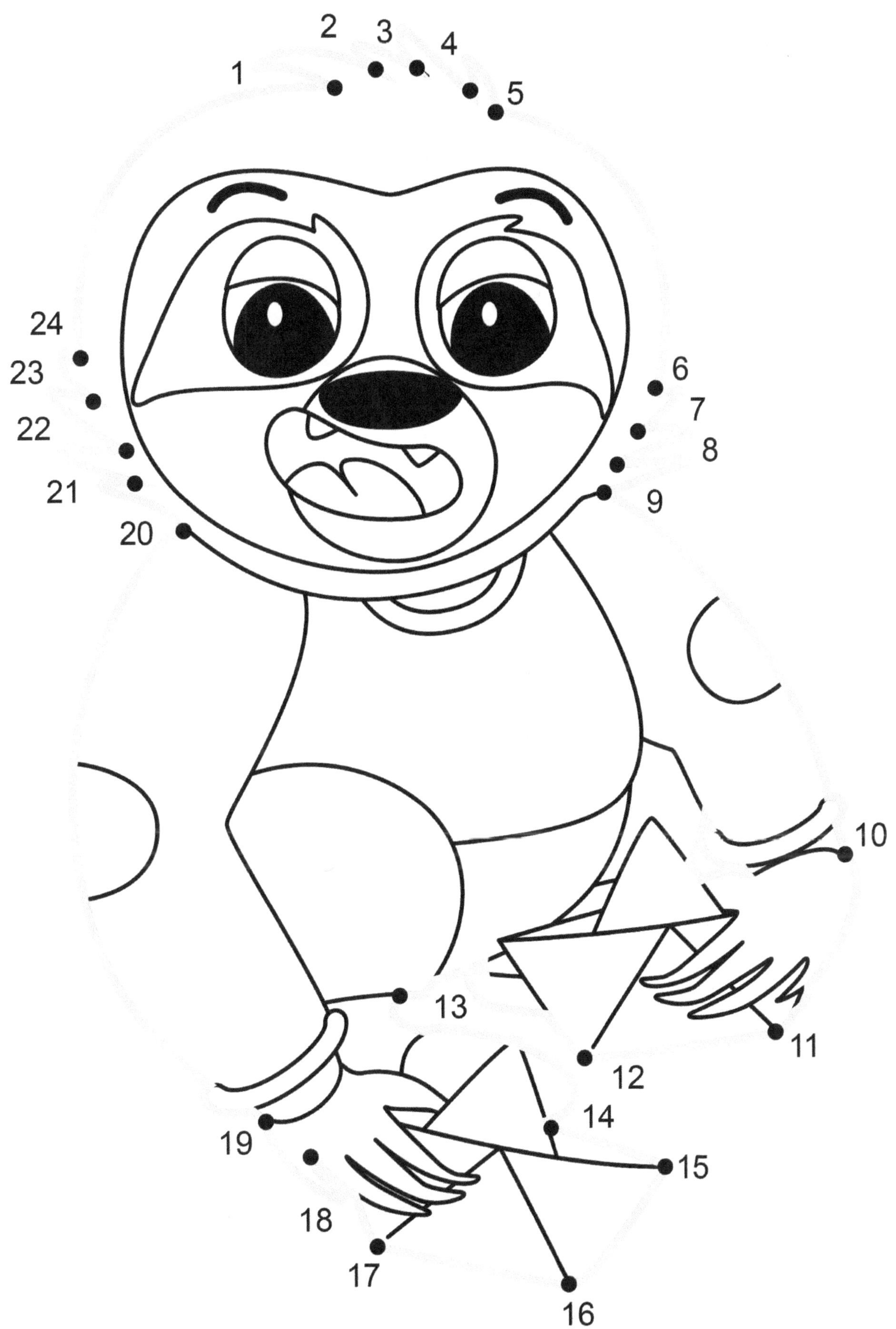

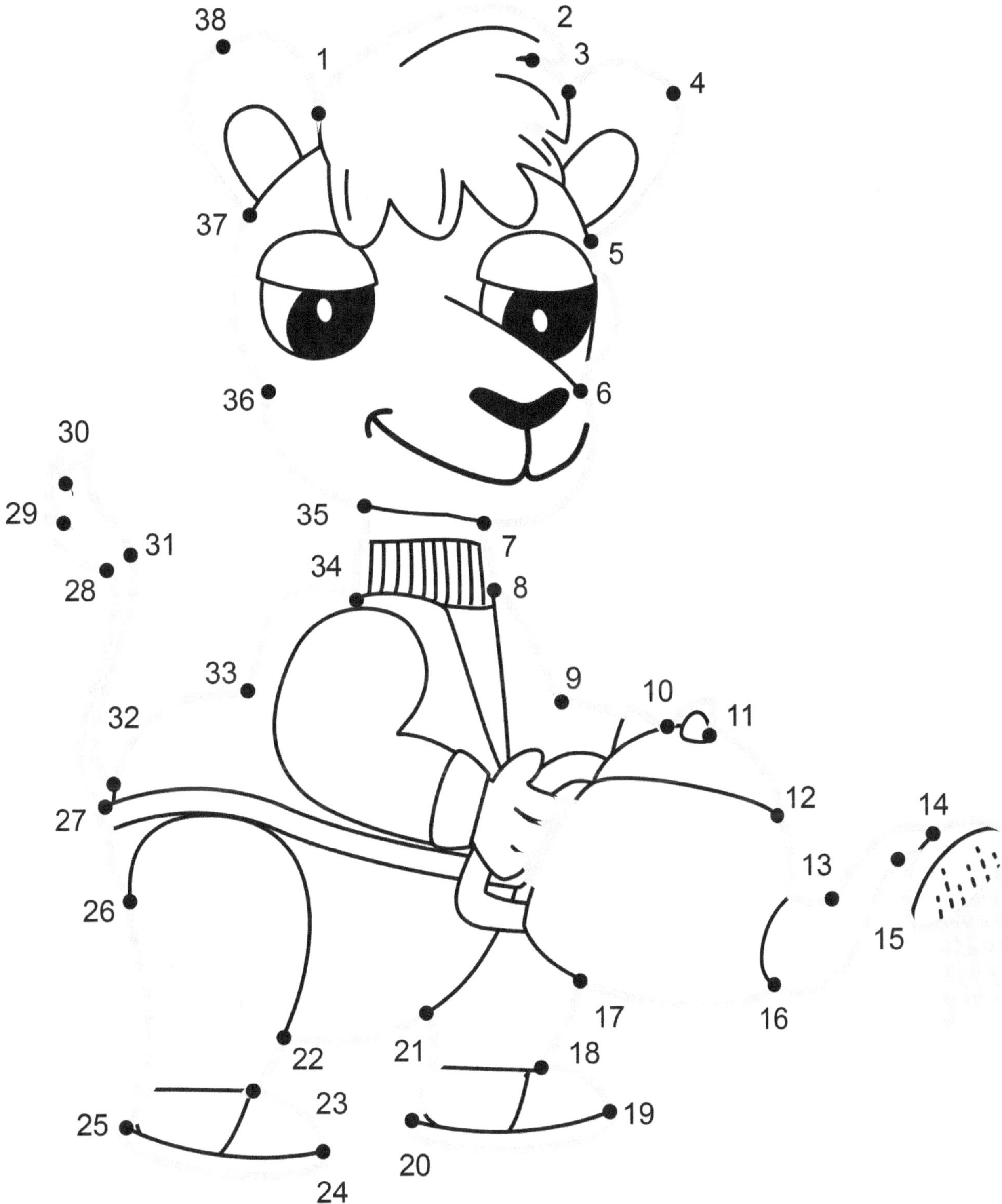

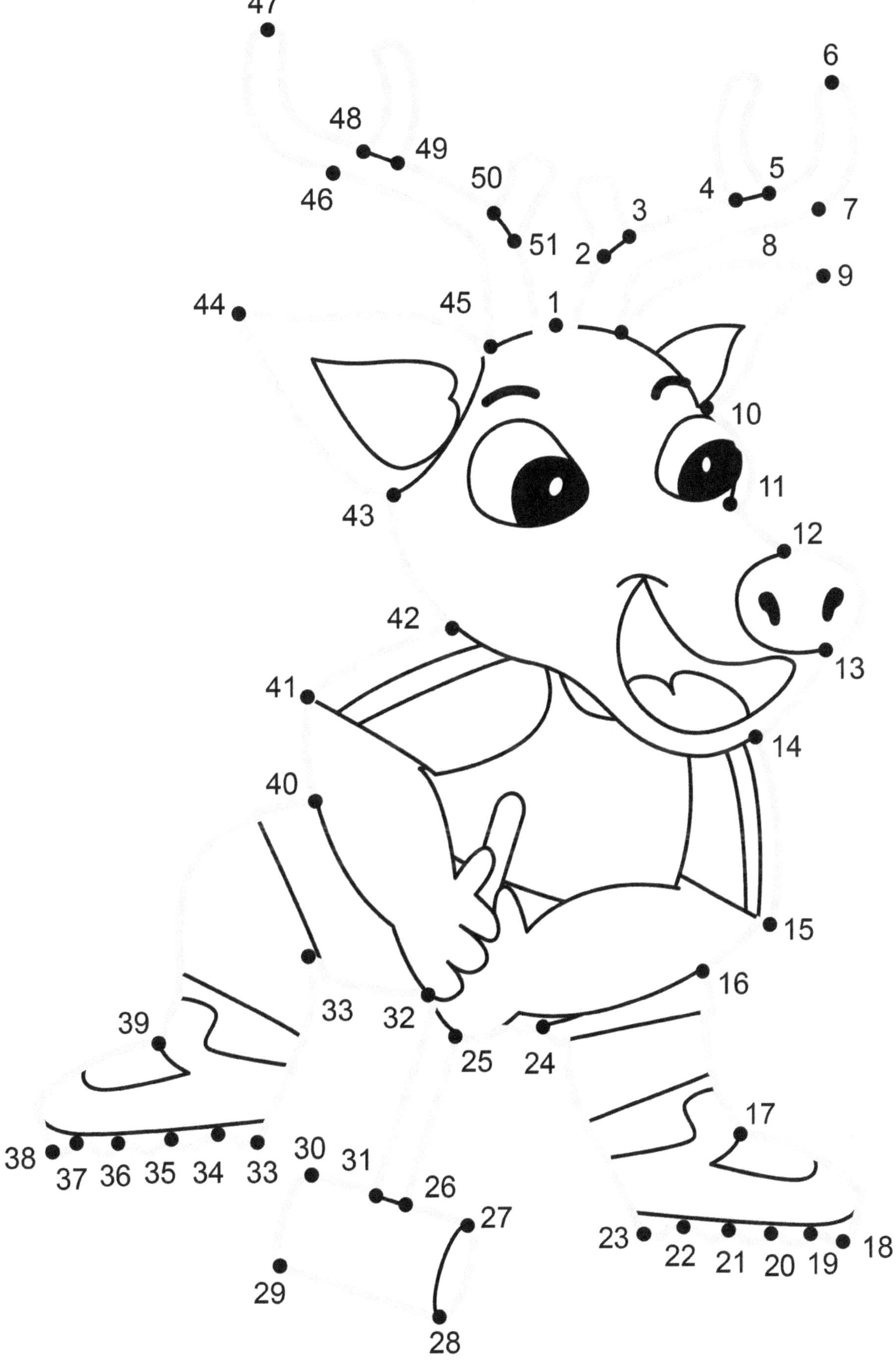

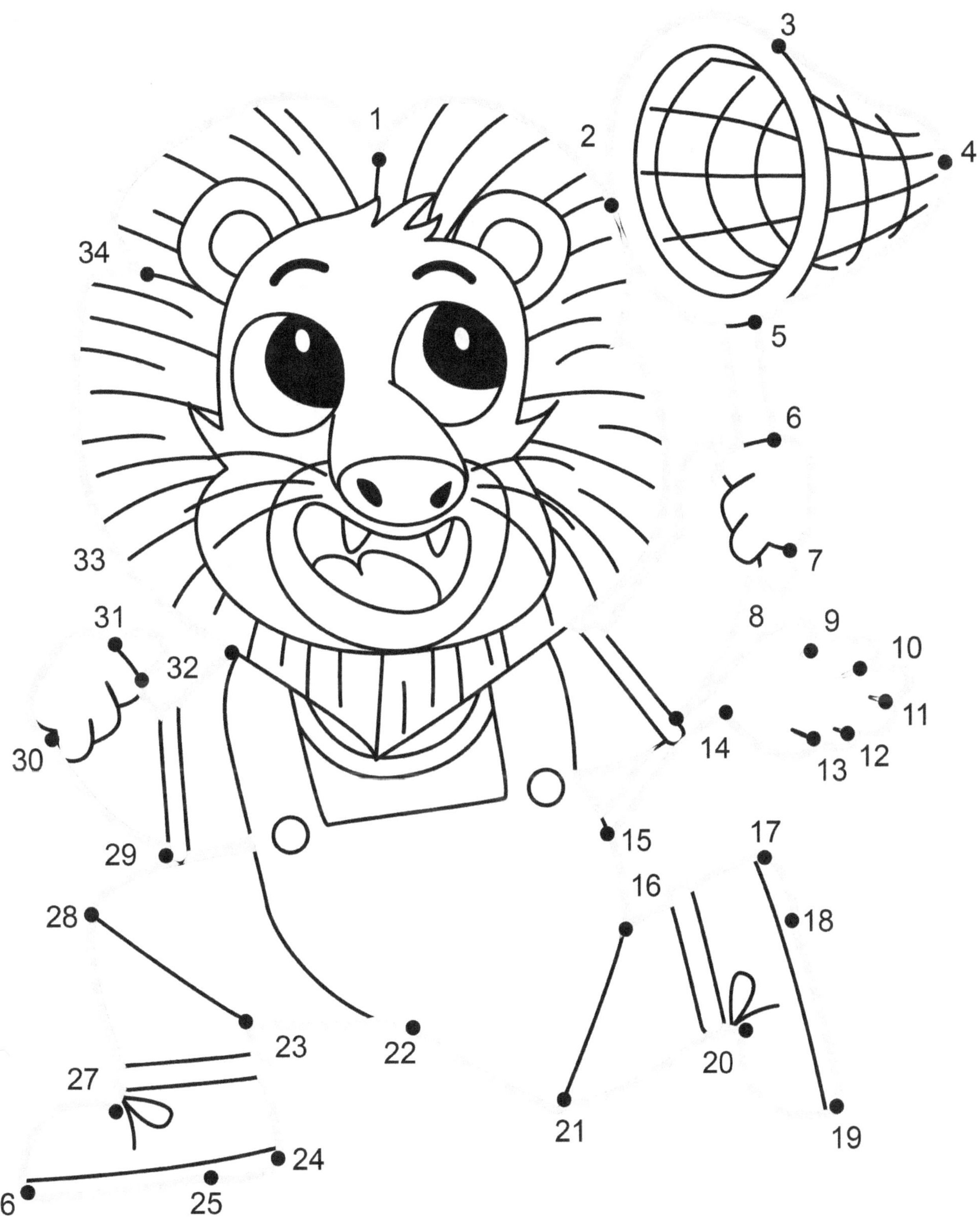

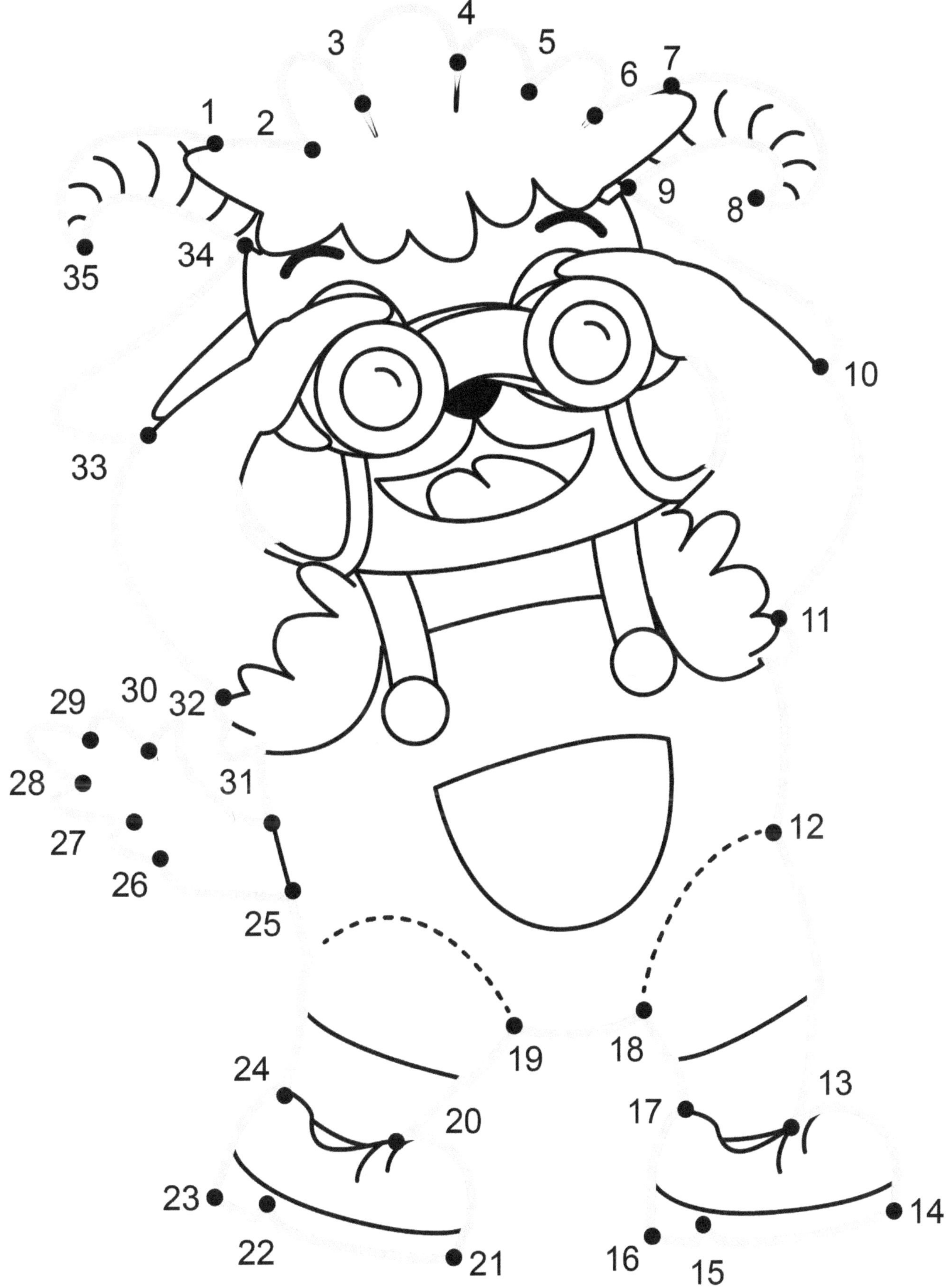

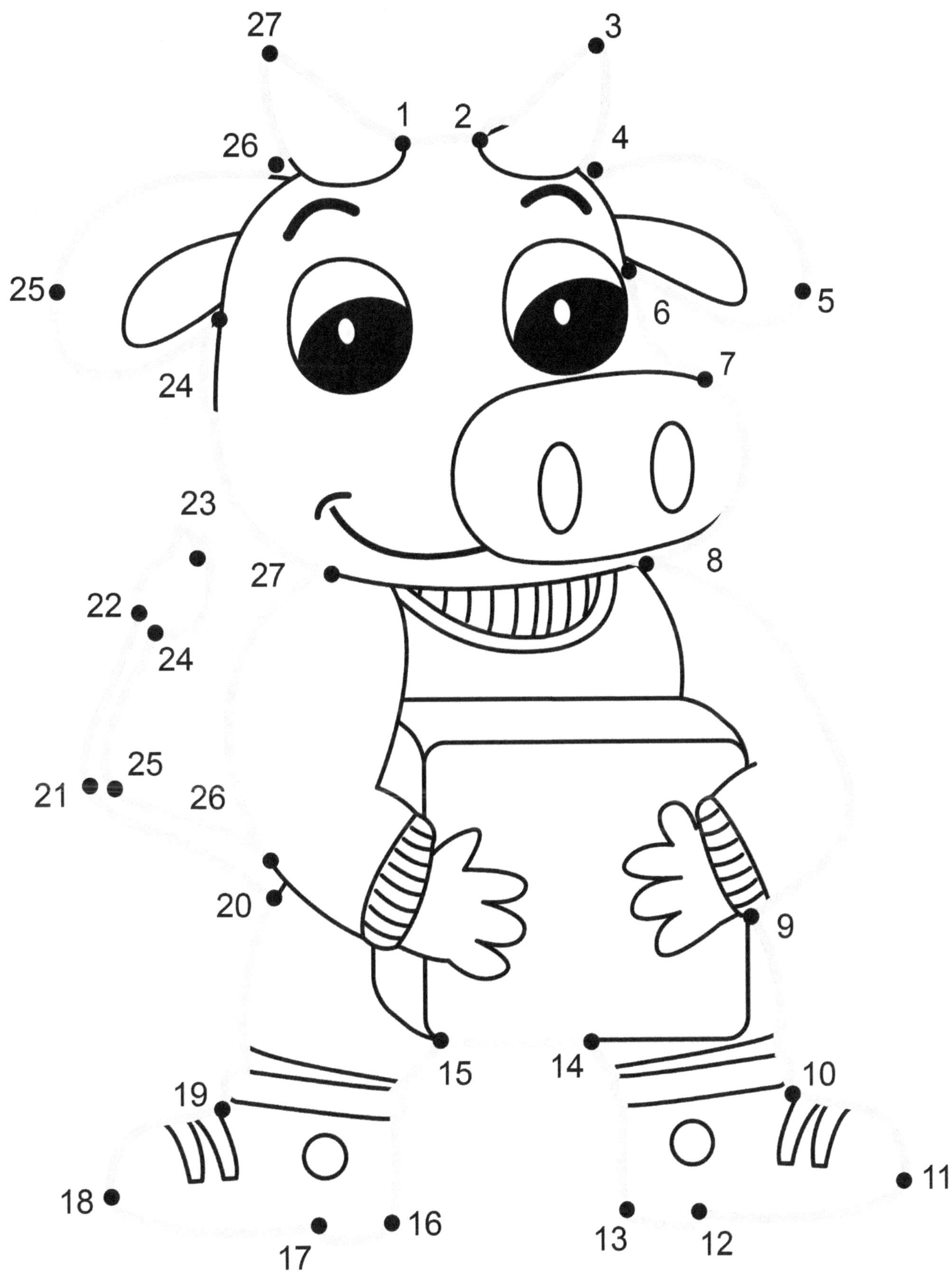

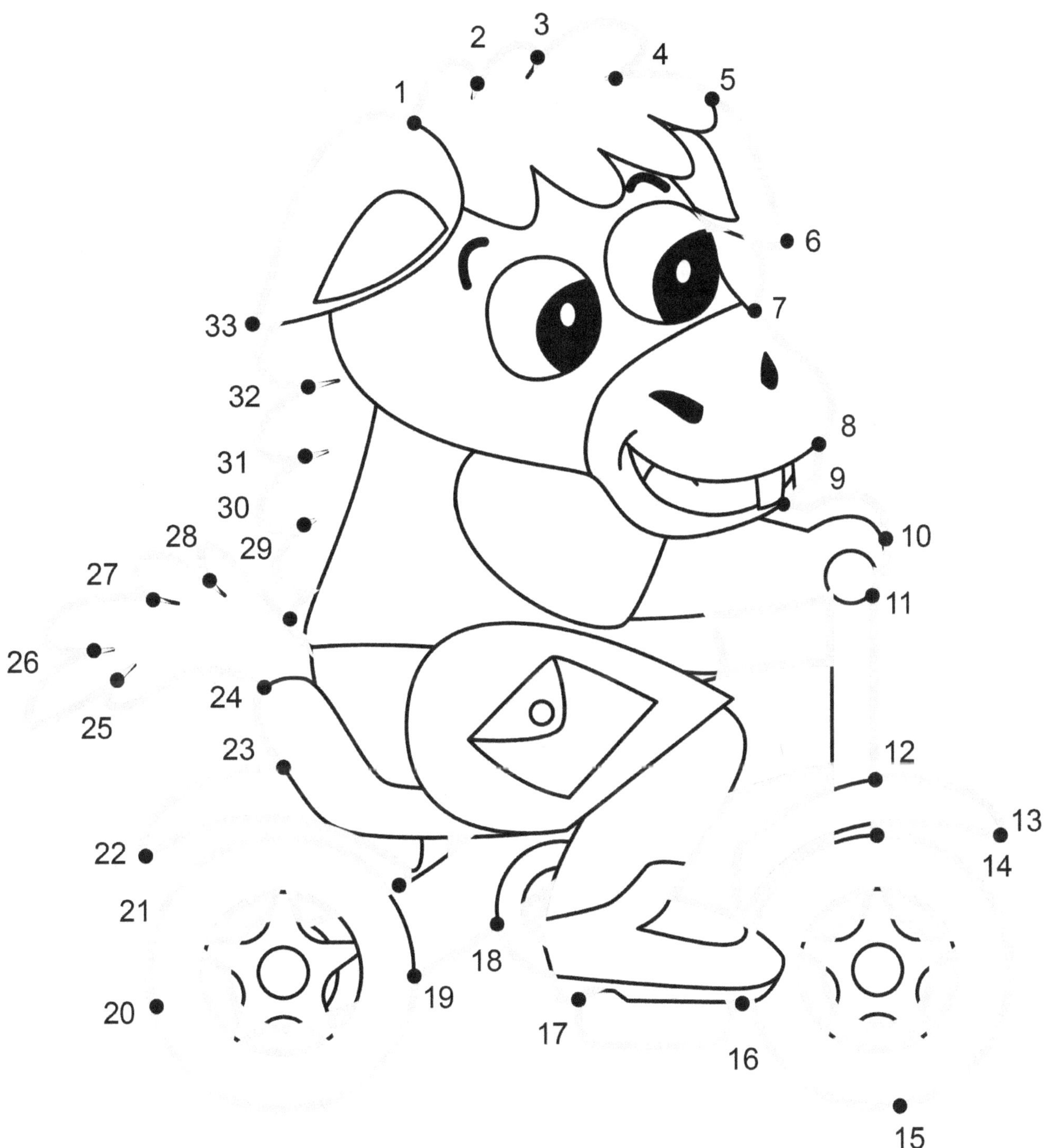

1
2
3
4
5
6
7
8
9
10
11
12
13
14
15
16
17
18
19
20
21
22
23
24
25
26
27
28
29
30
31
32
33

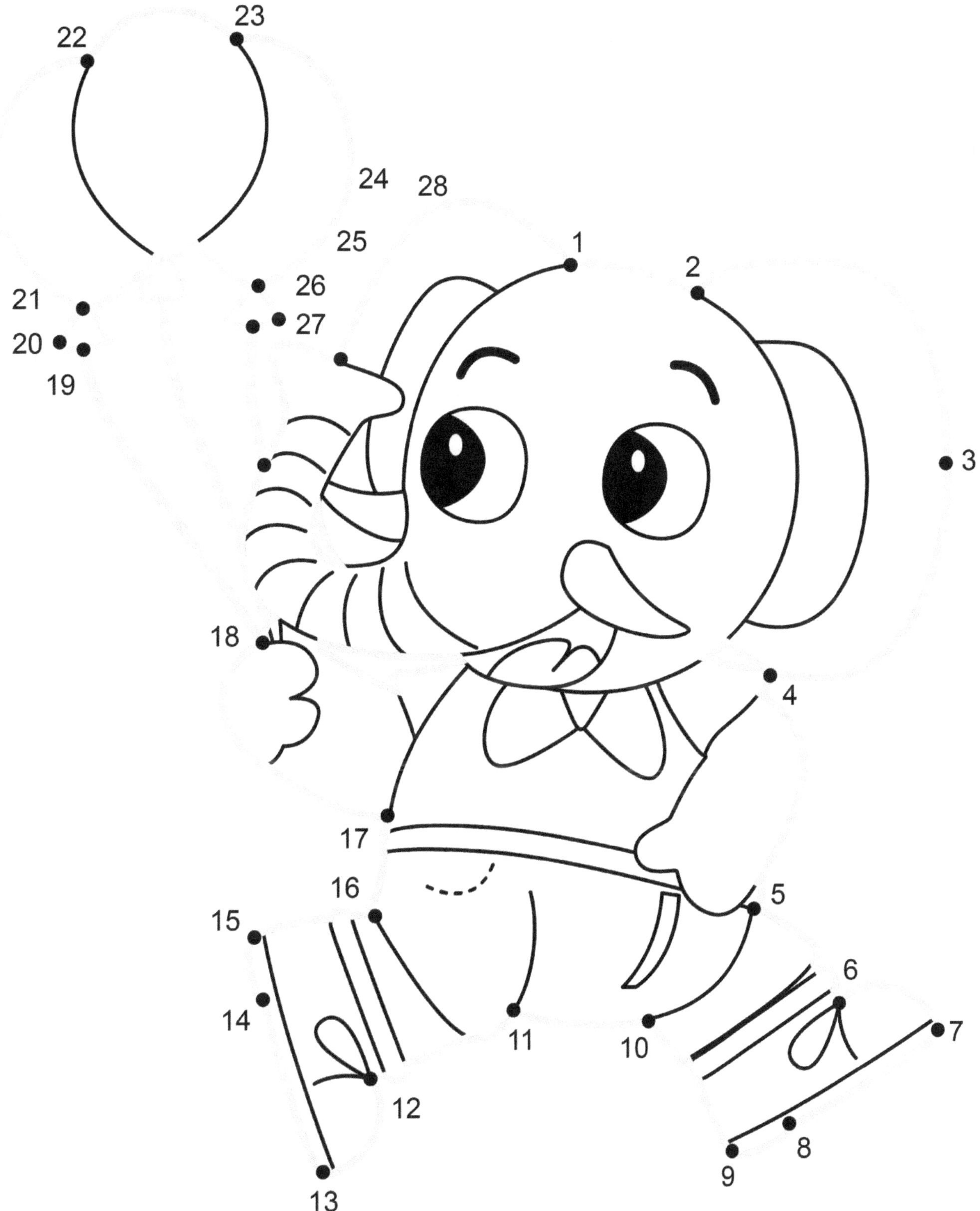

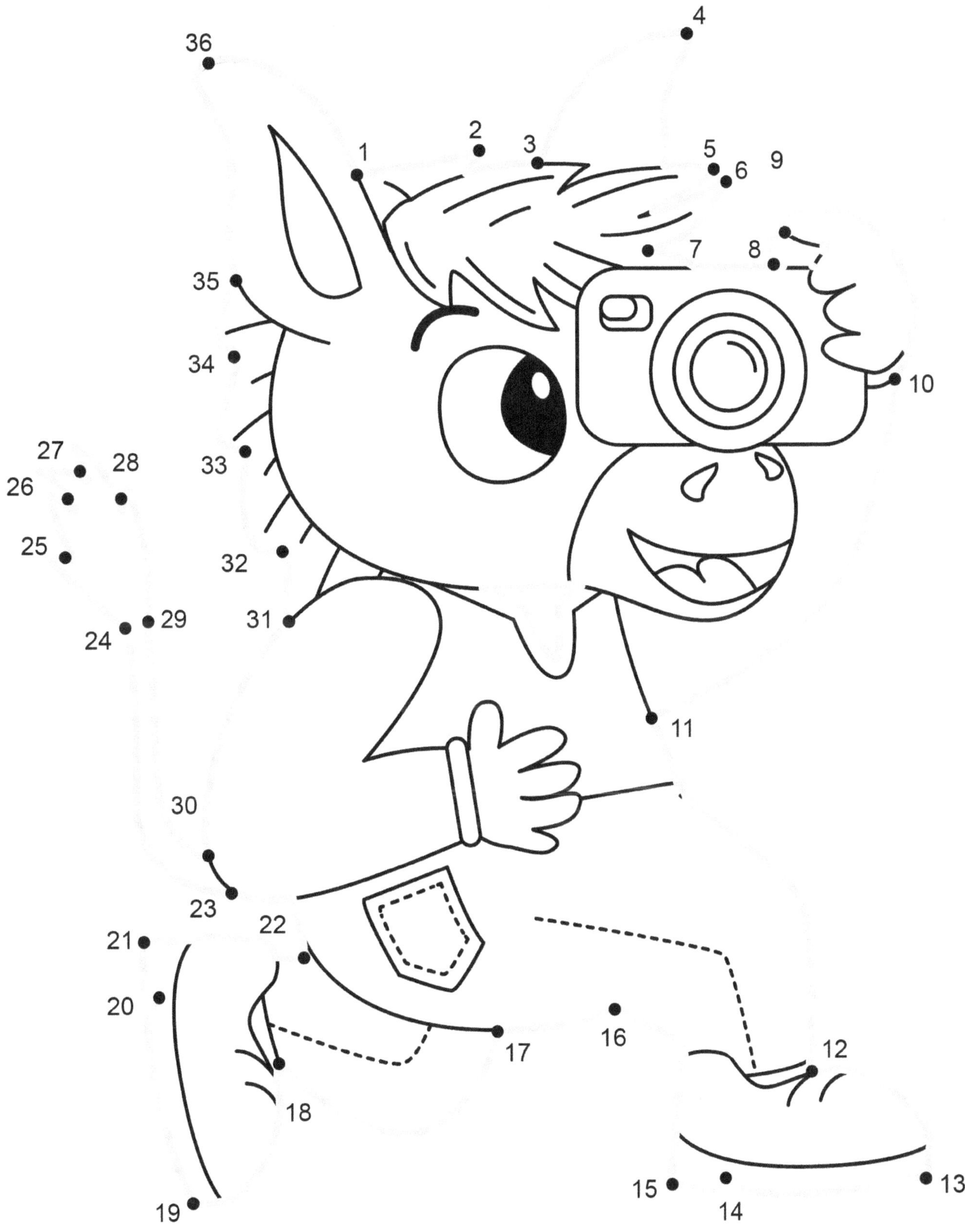

1
2
3
4
5
6
7
8
9
10
11
12
13
14
15
16
17
18
19
20

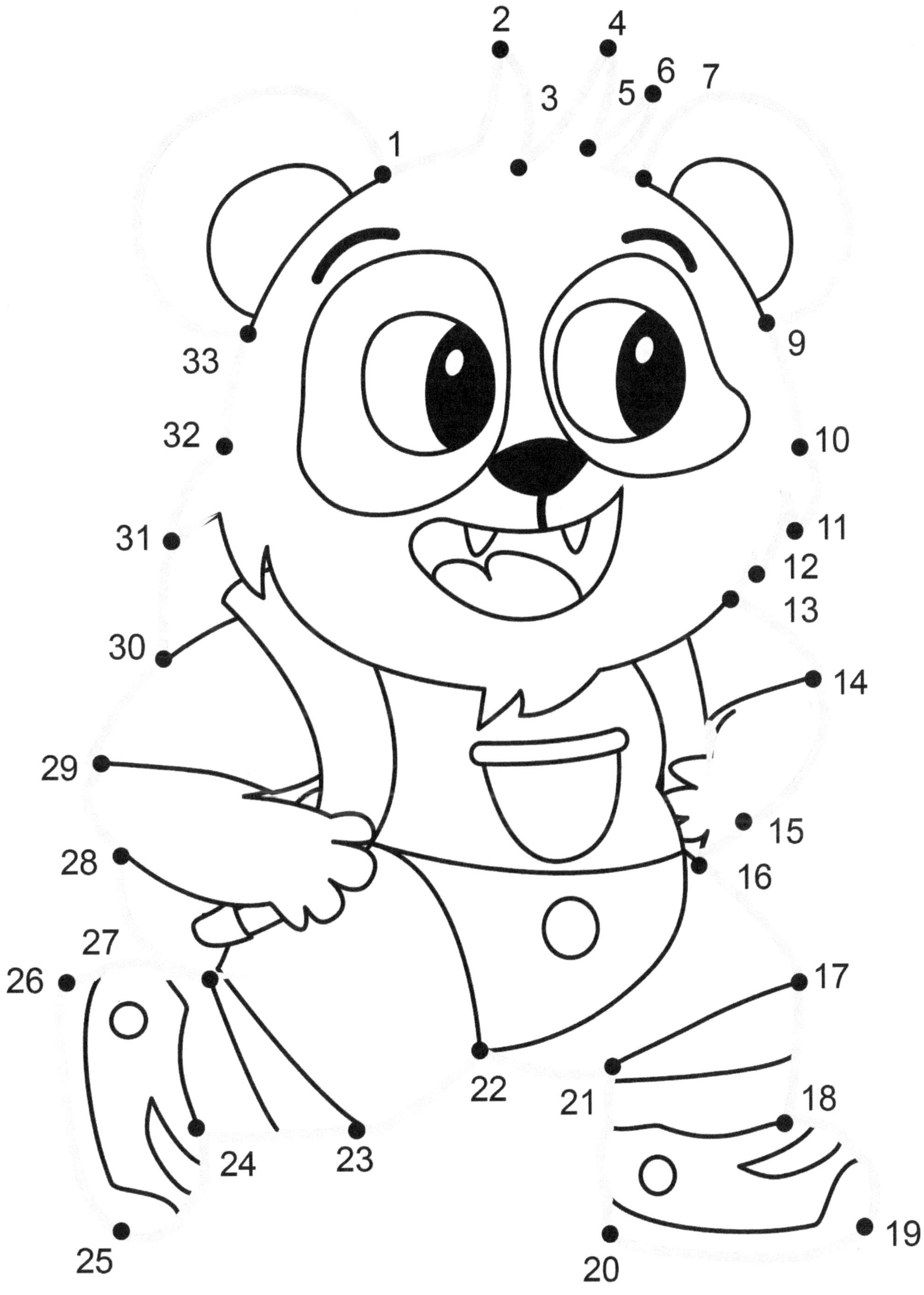

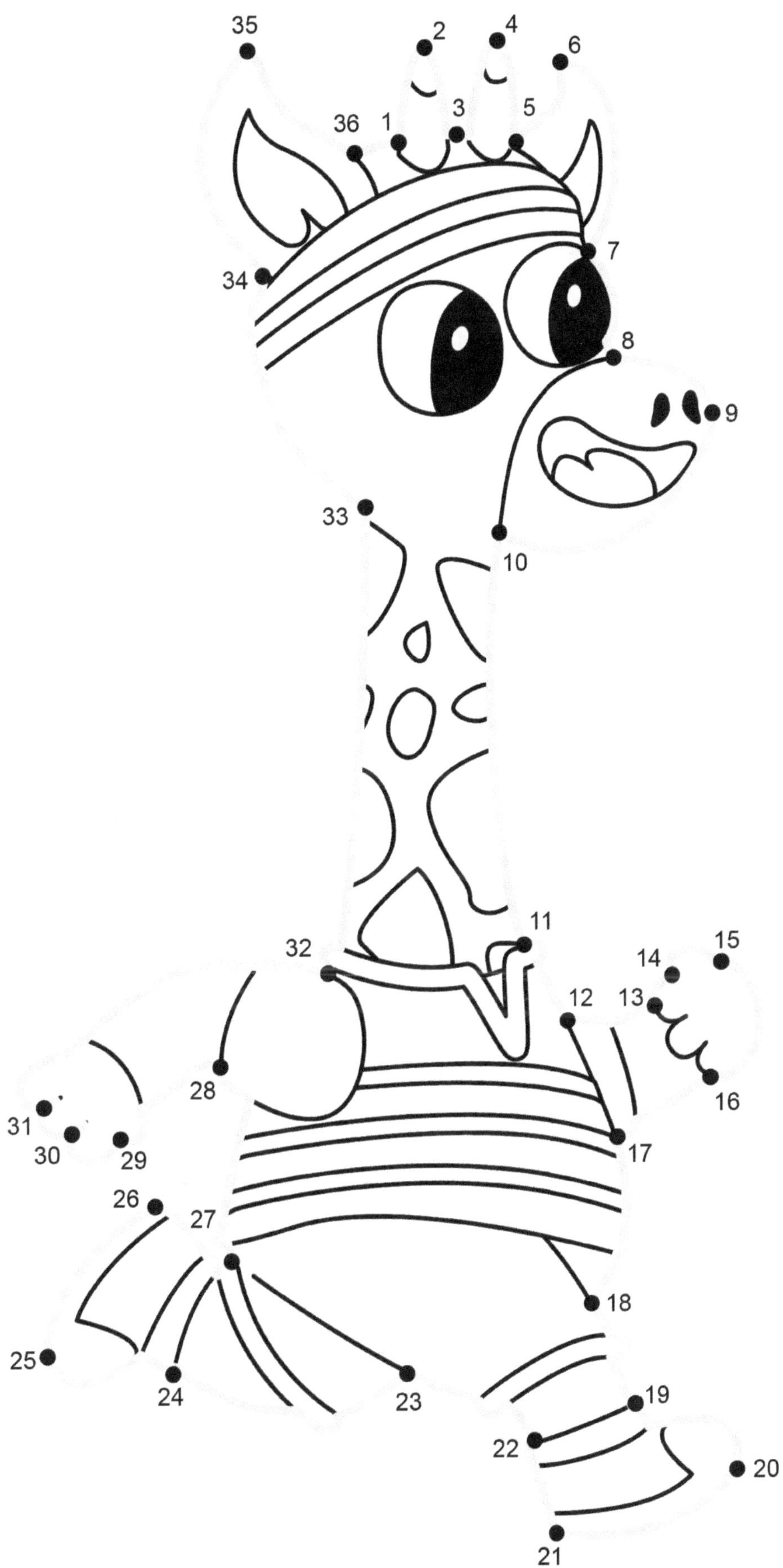

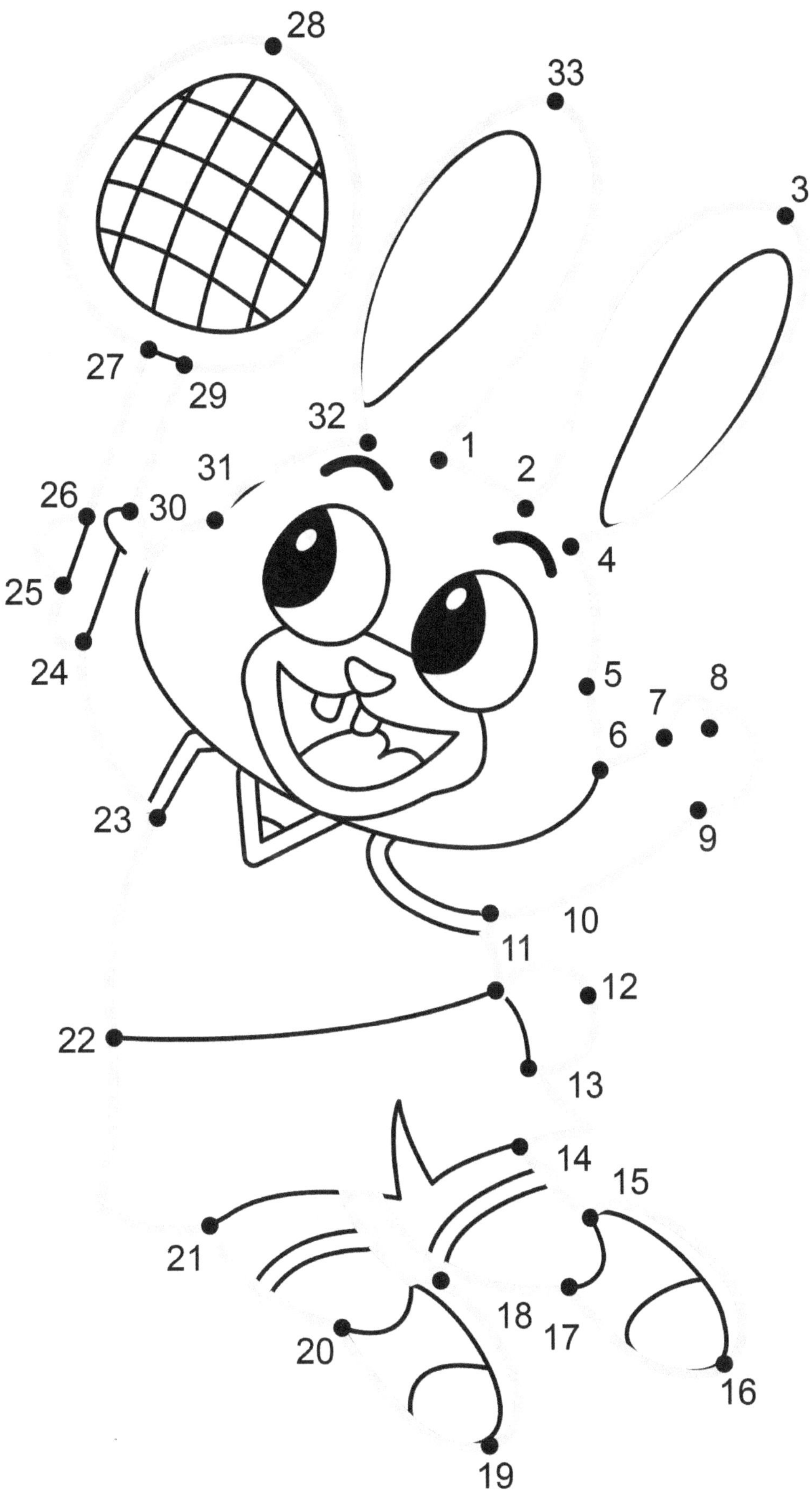

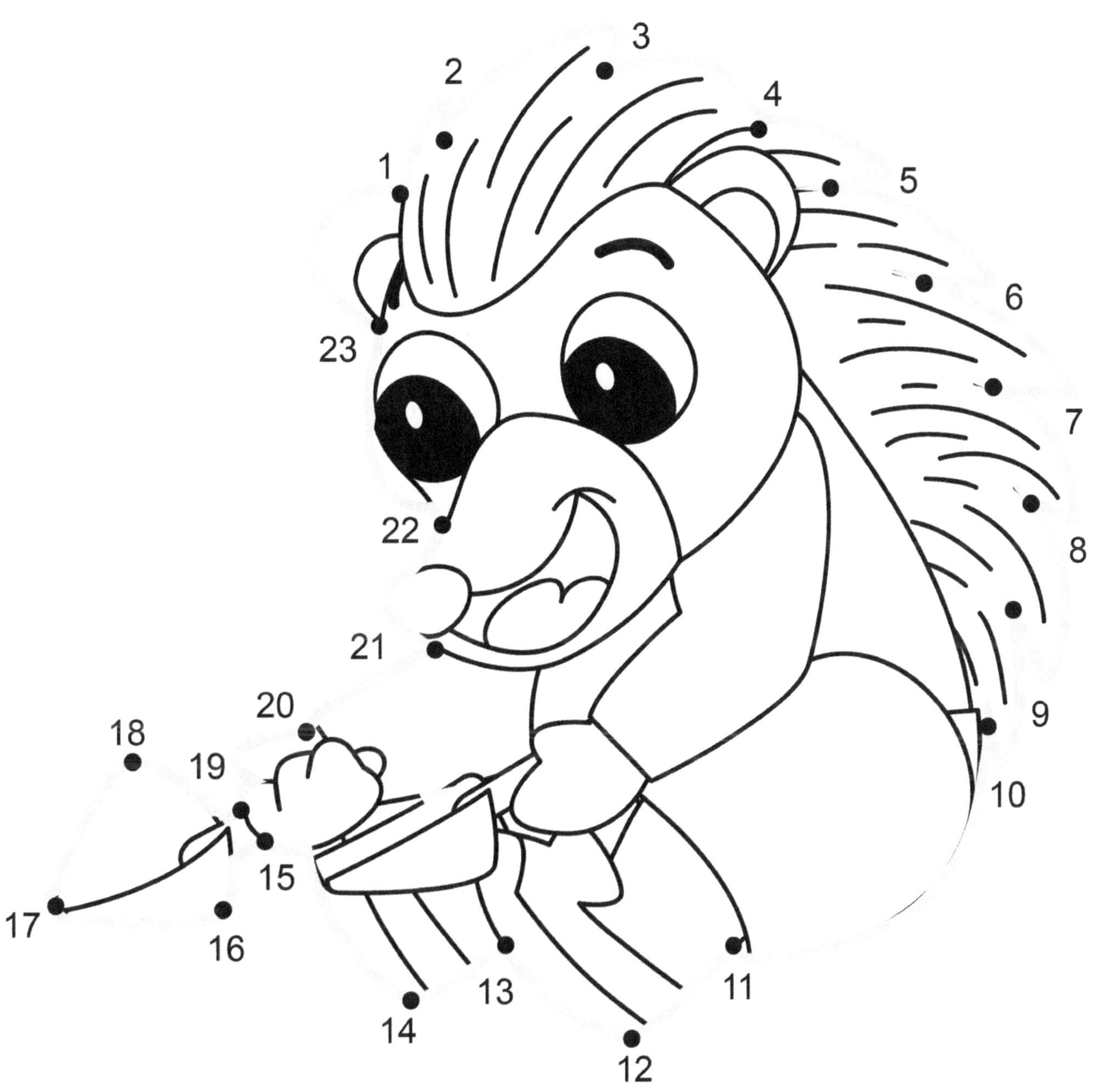

1
2
3
4
5
6
7
8
9
10
11
12
13
14
15
16
17
18
19
20
21
22
23

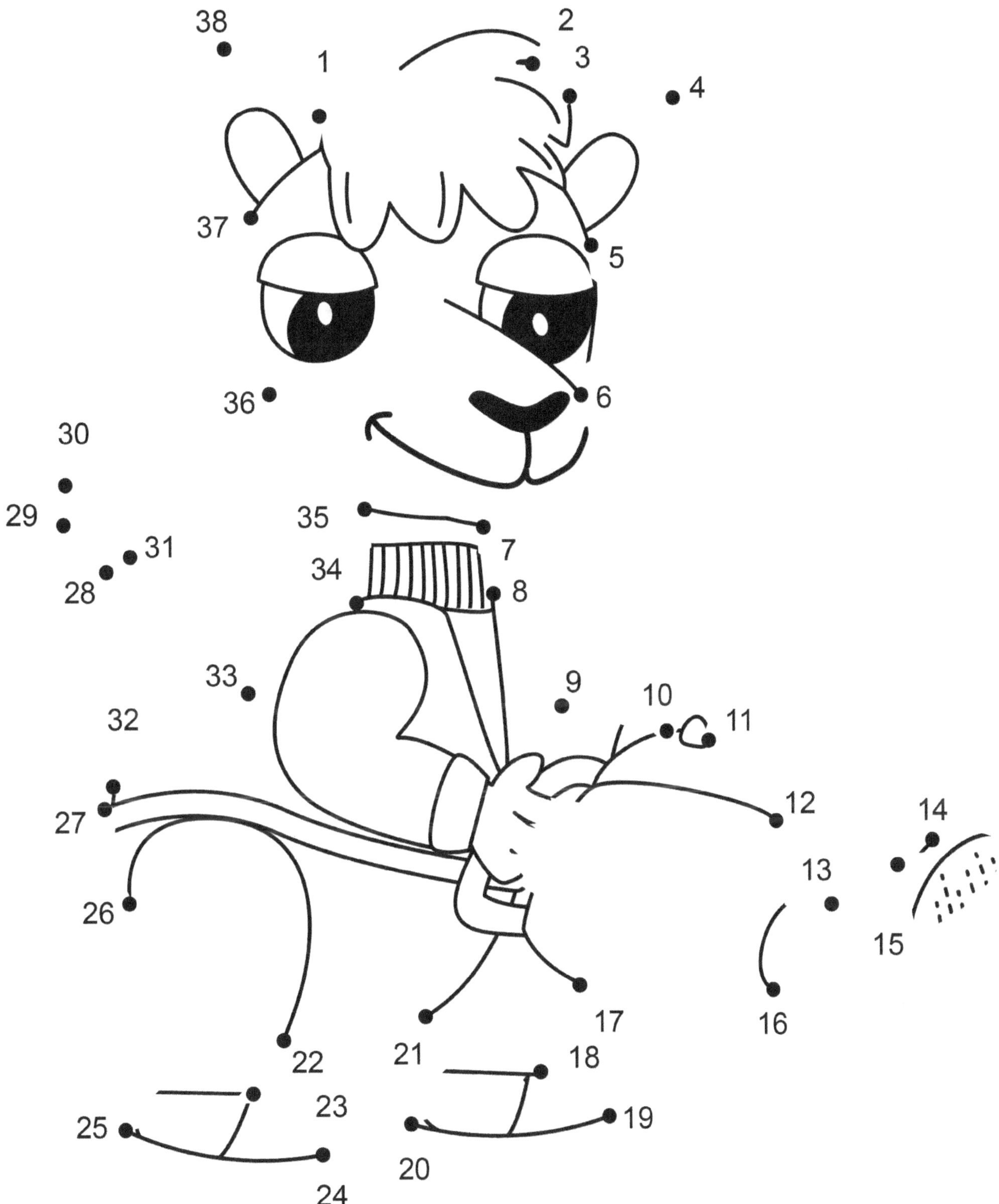

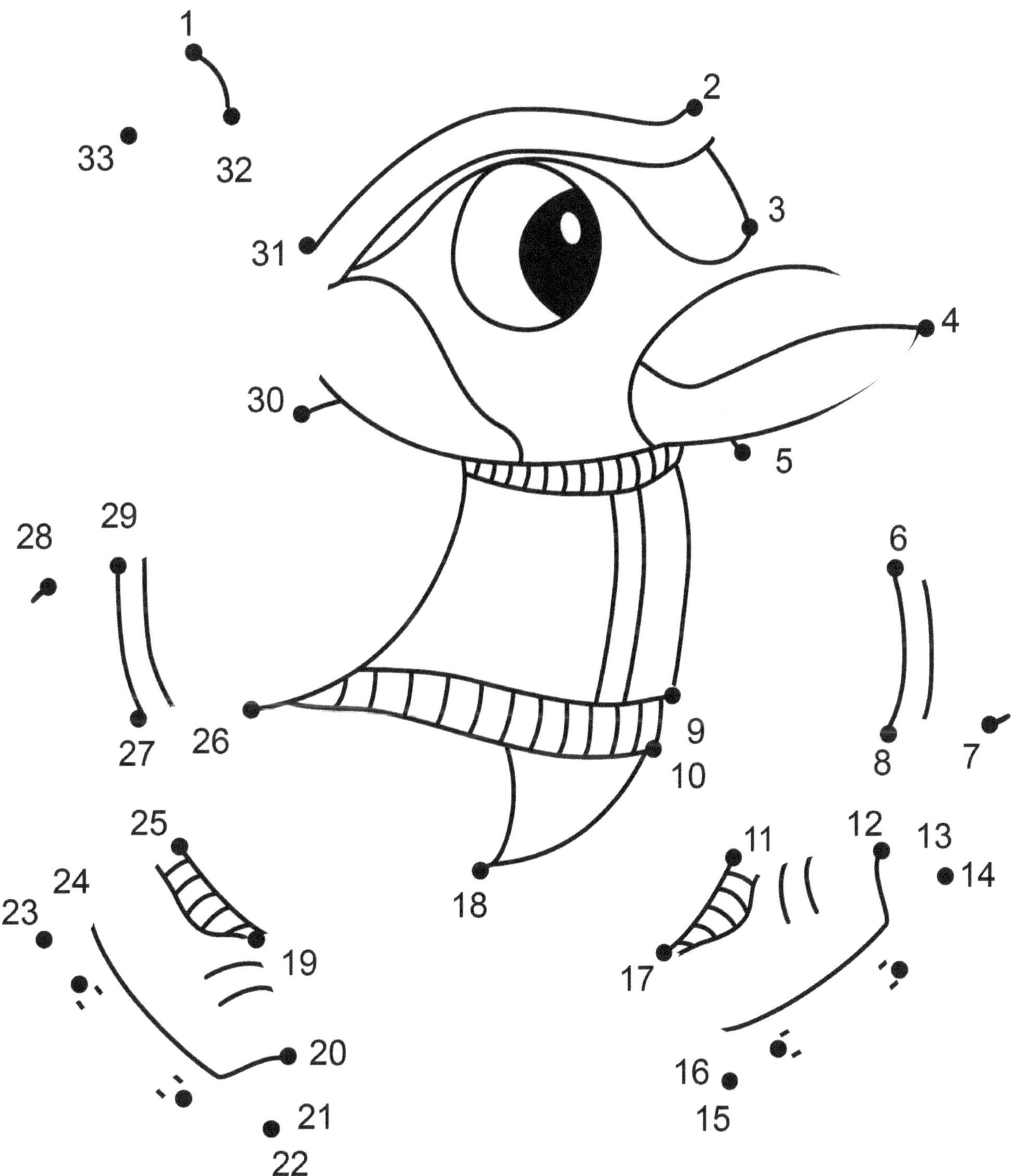

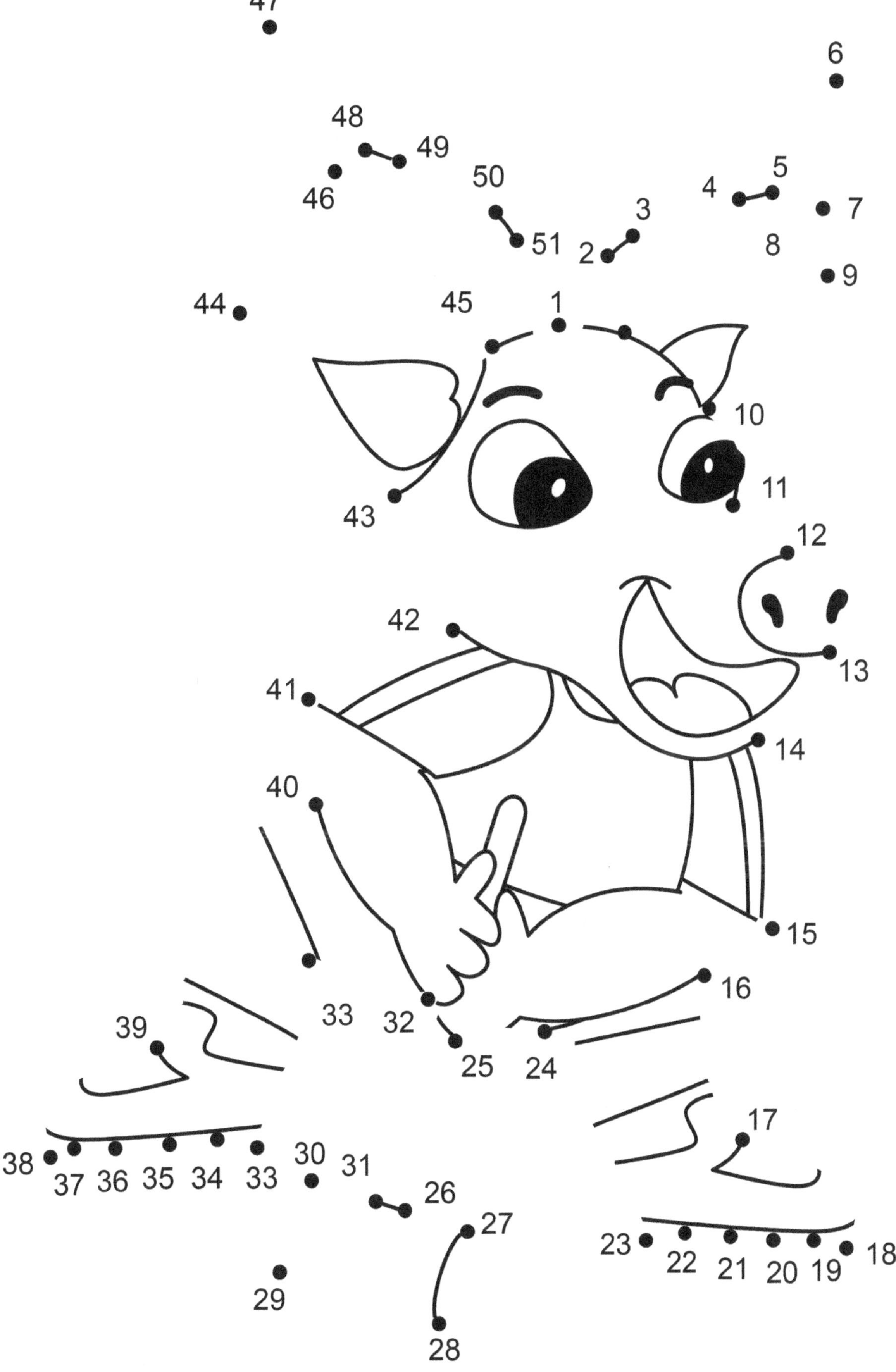

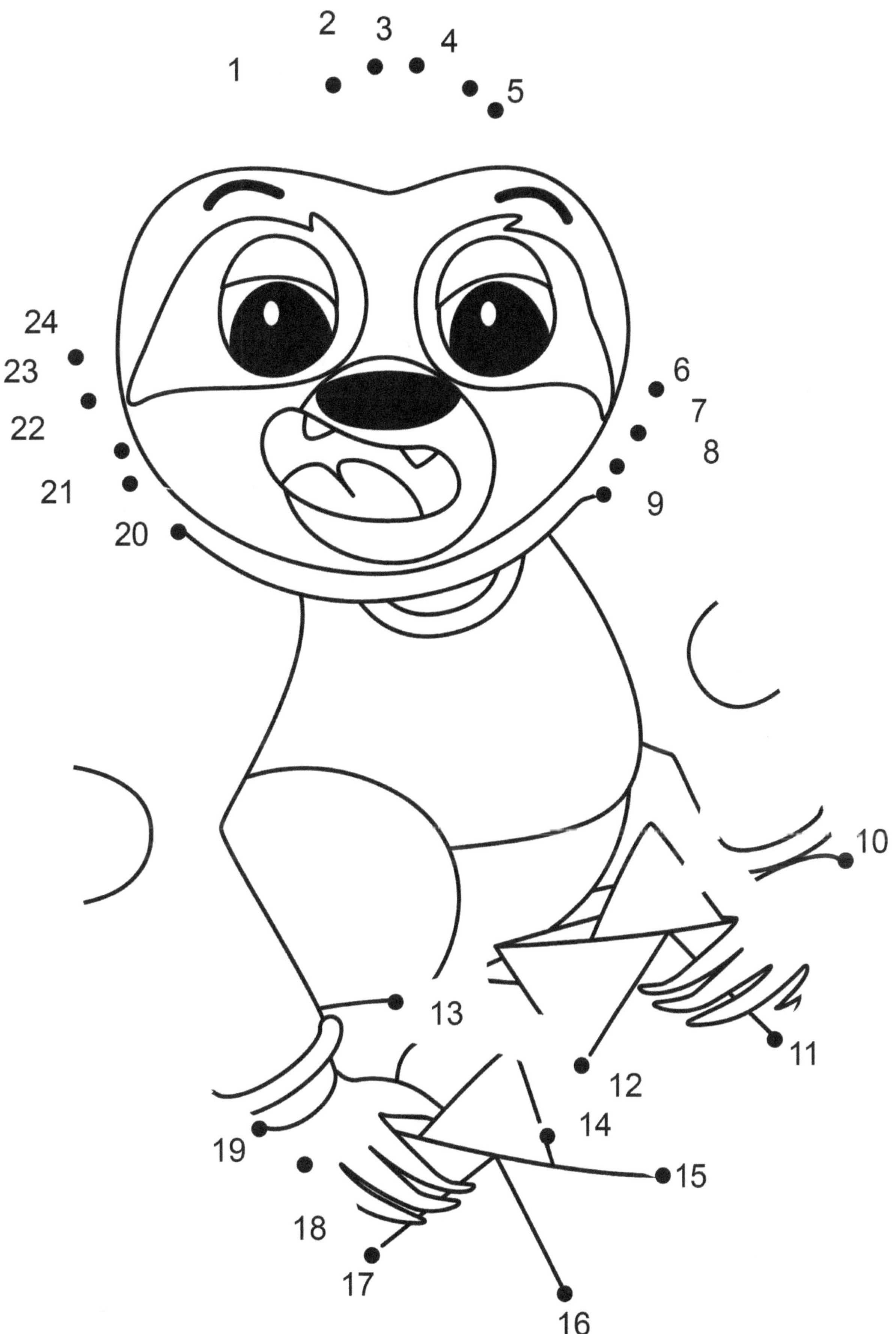

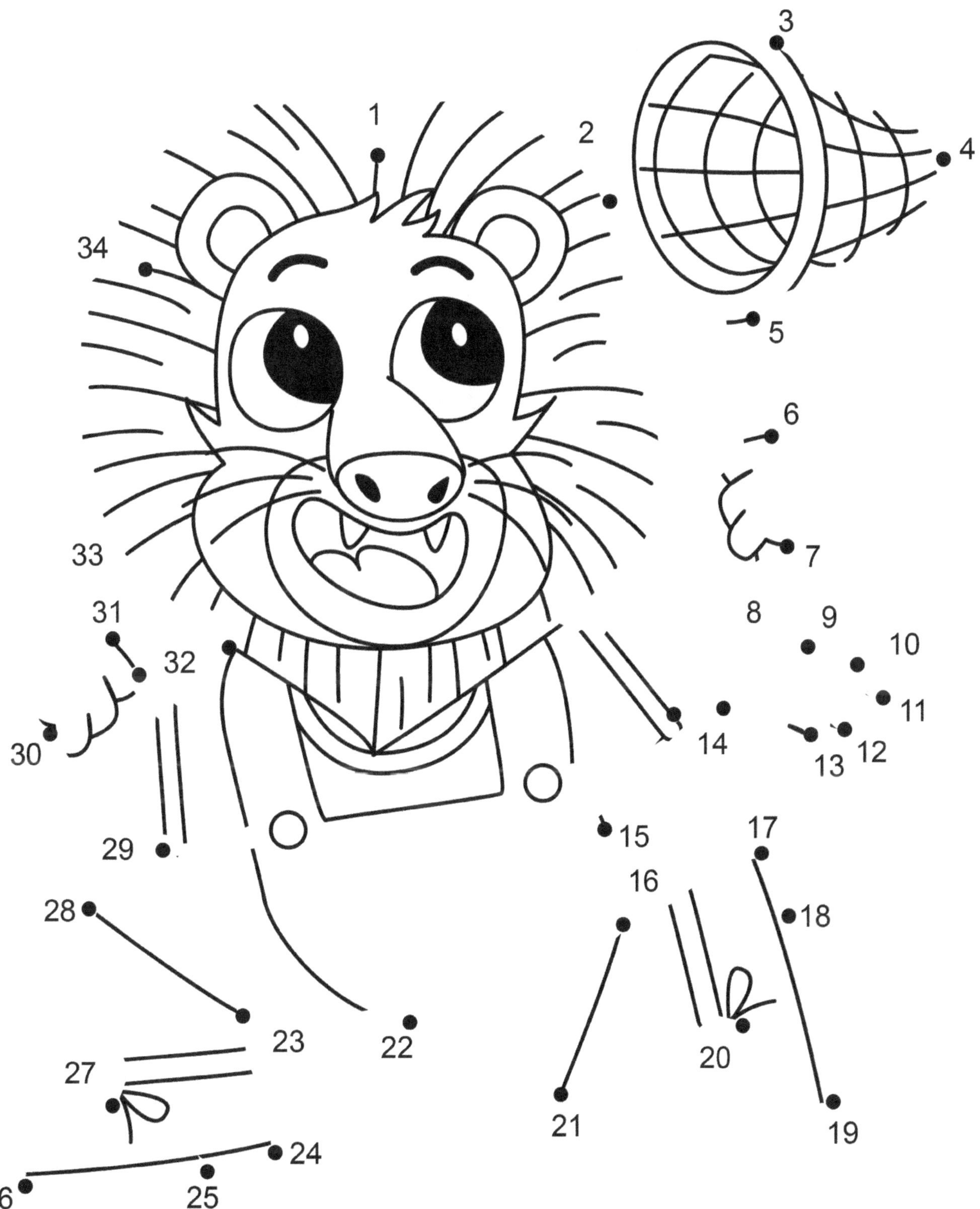

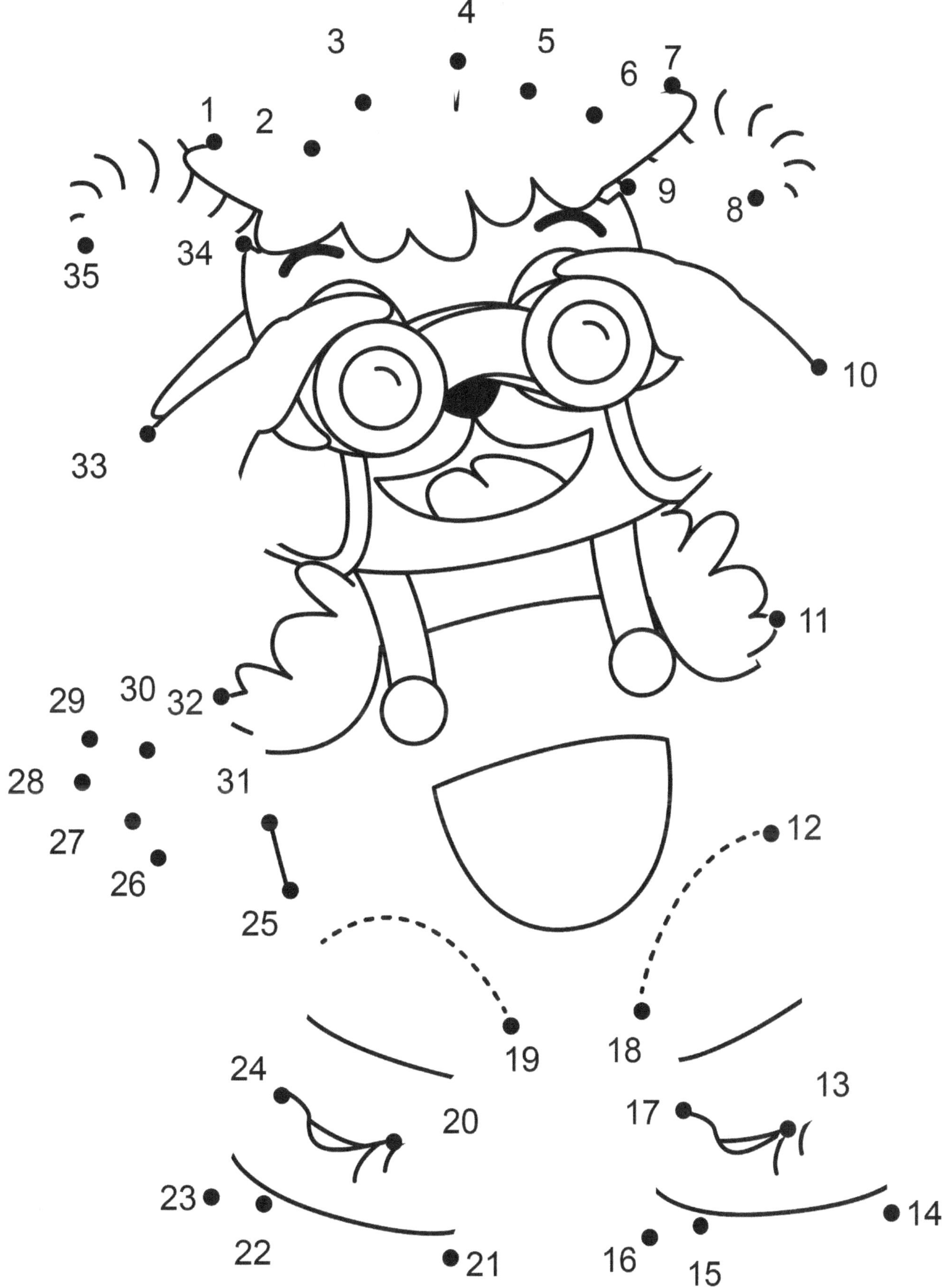

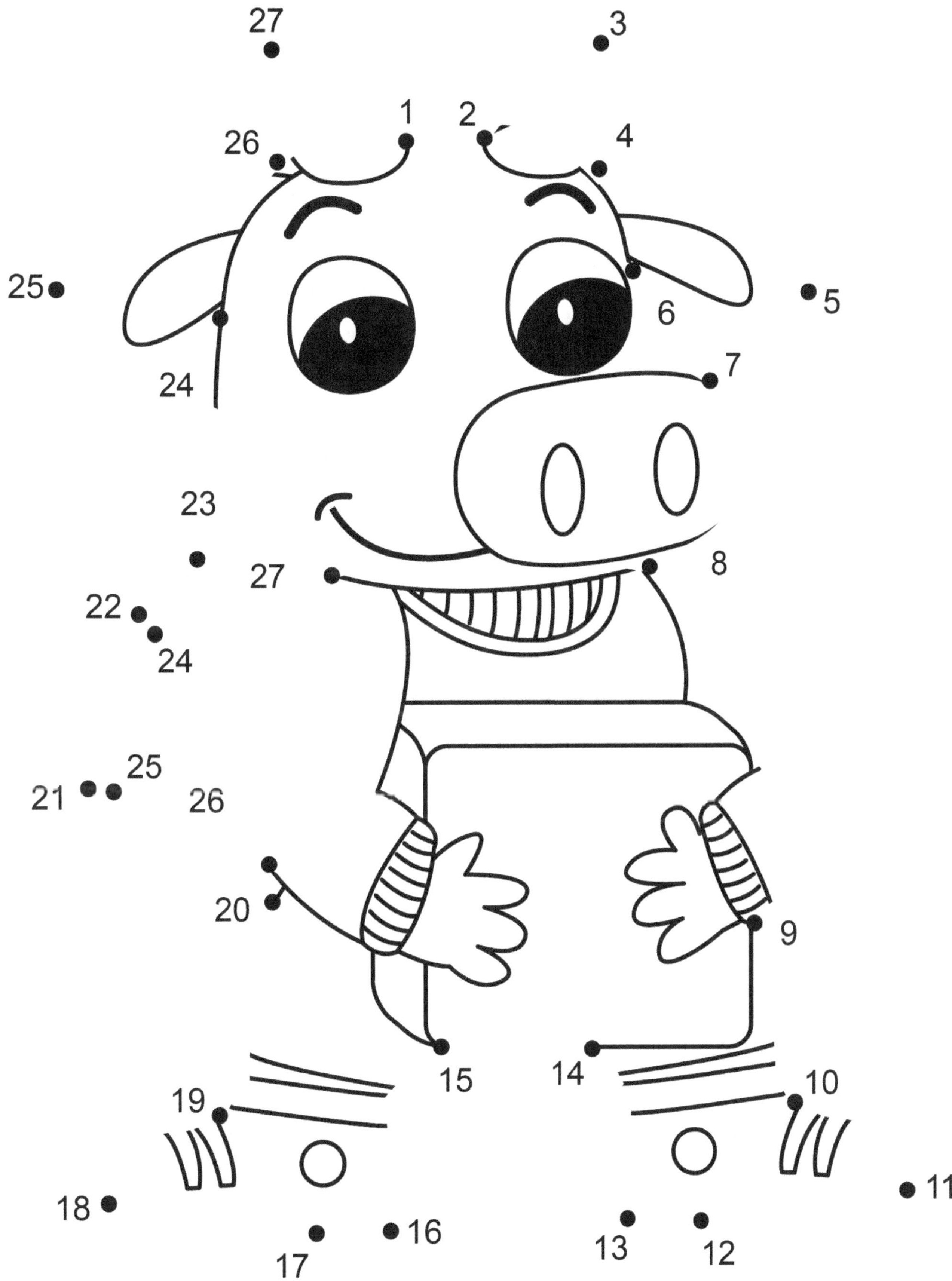

1
2
3
4
5
6
7
8
9
10
11
12
13
14
15
16
17
18
19
20
21
22
23
24
25
26
27
28
29
30
31
32
33

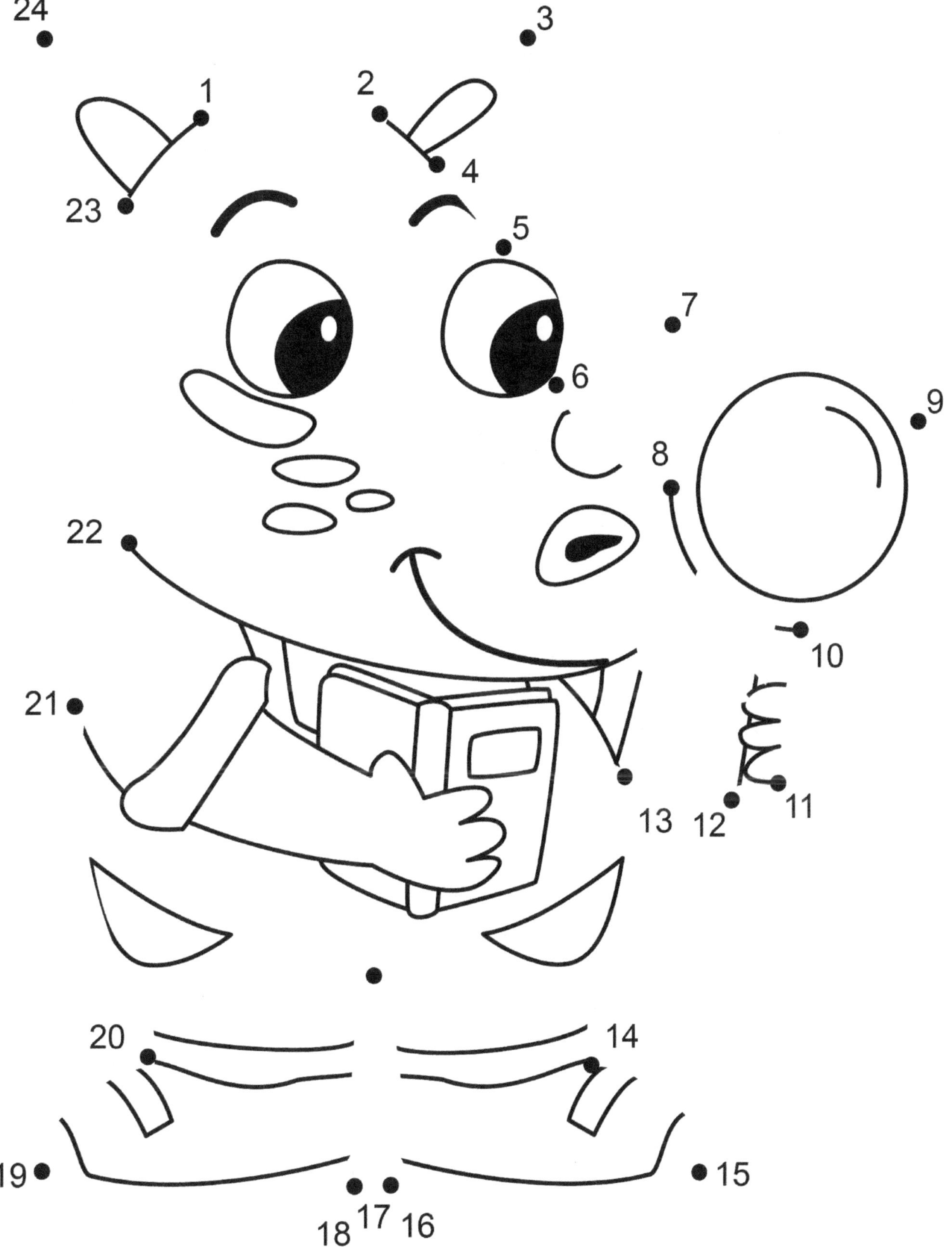

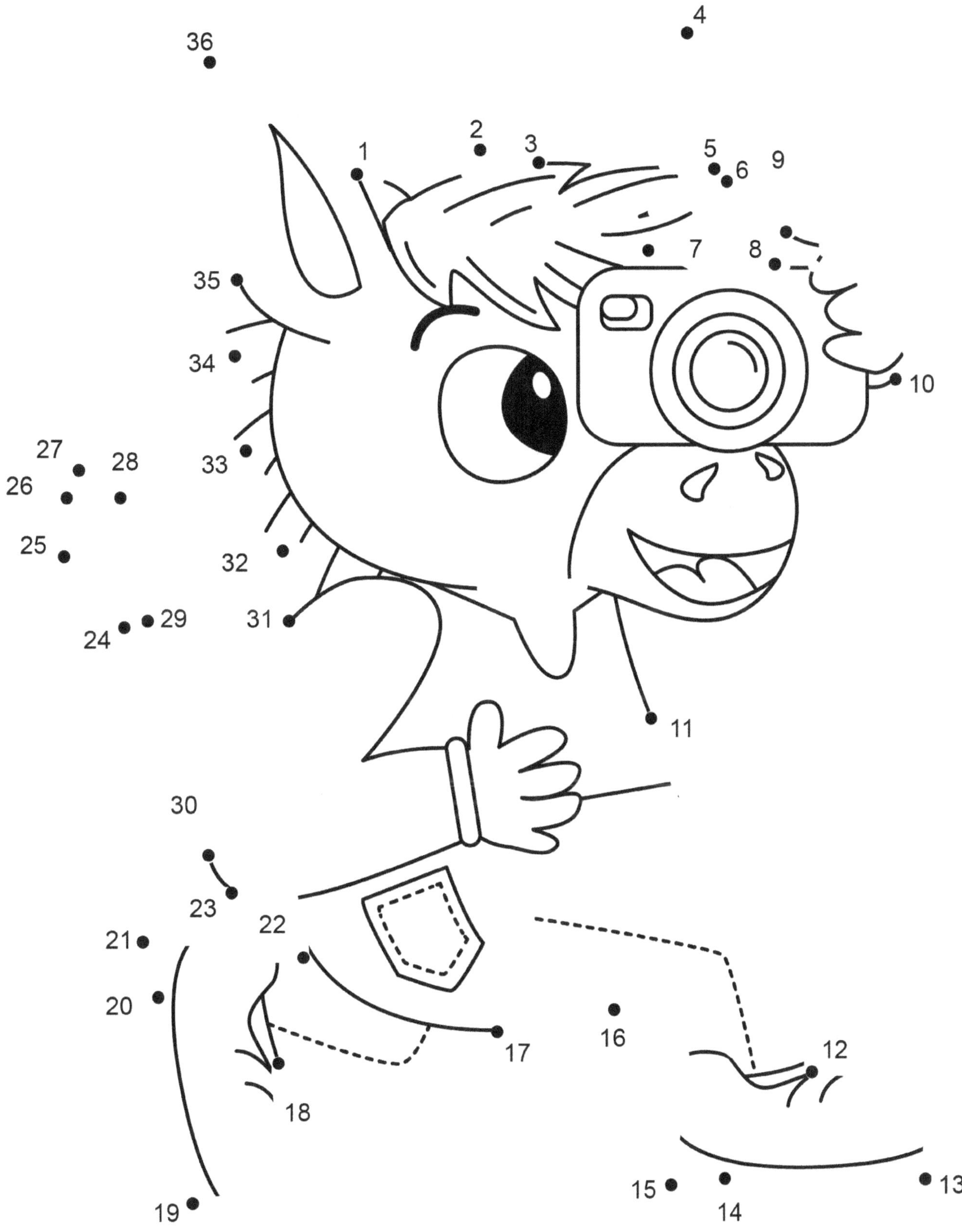

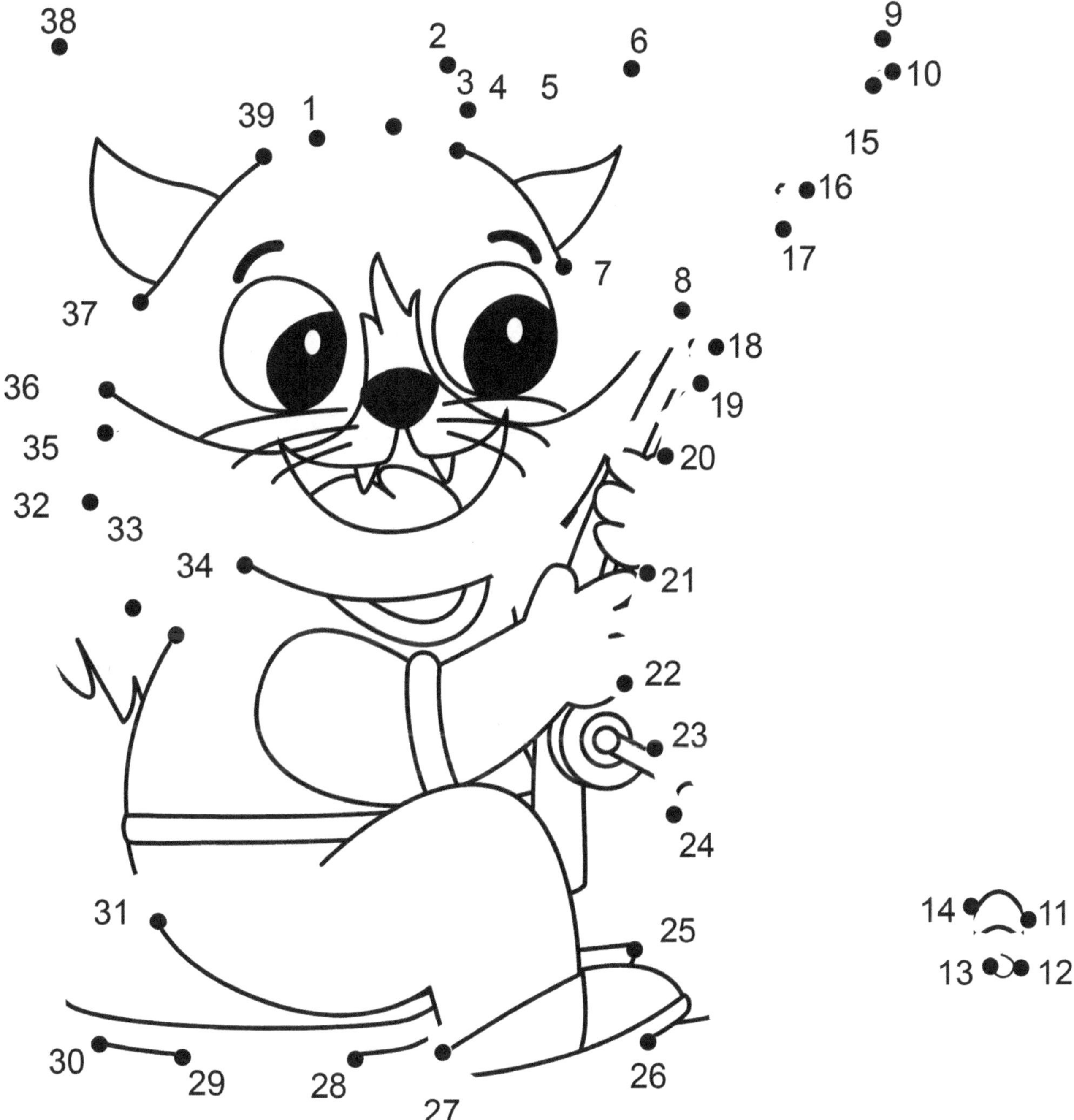

1
2
3
4
5
6
7
8
9
10
11
12
13
14
15
16
17
18
19
20

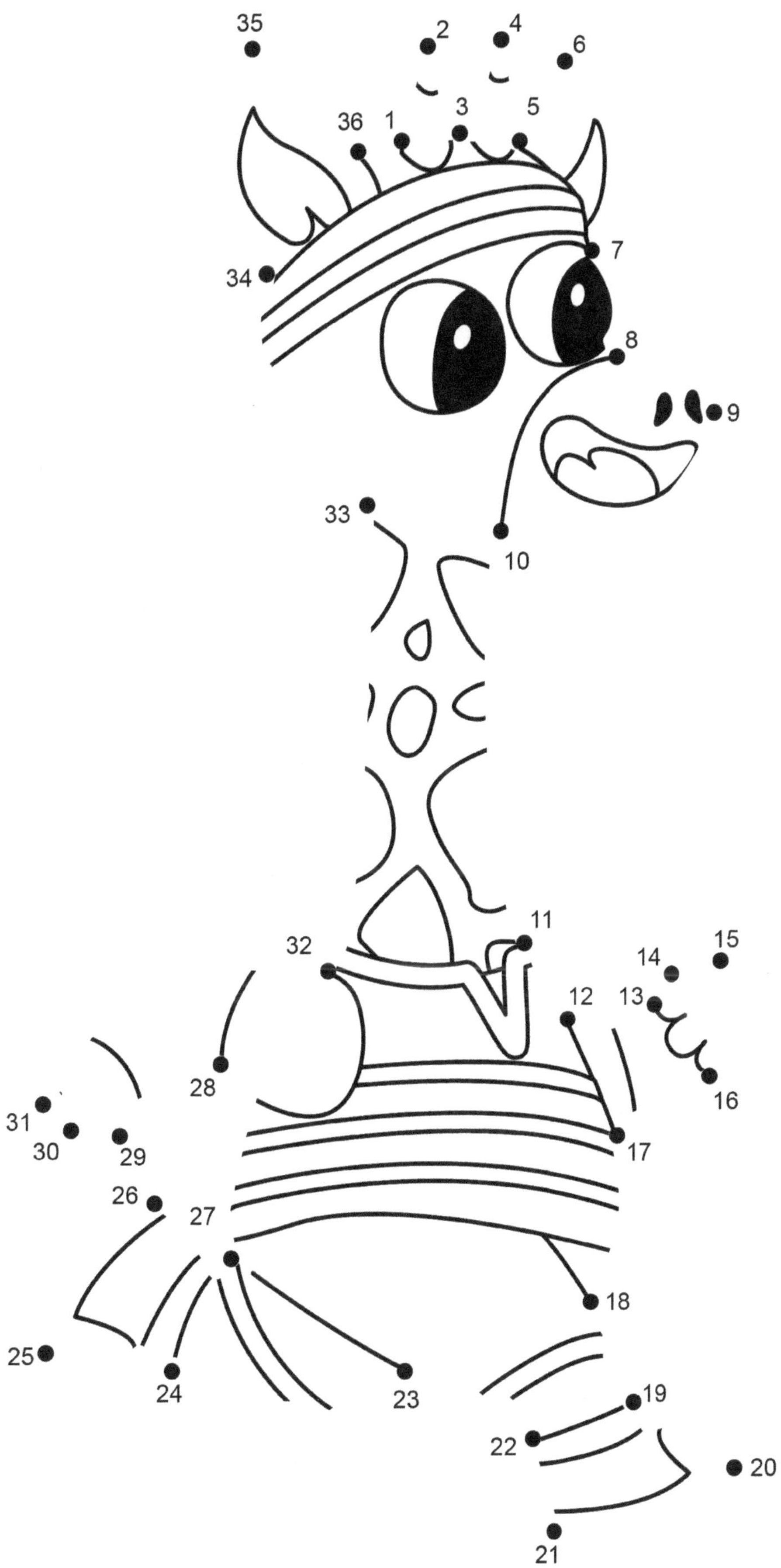

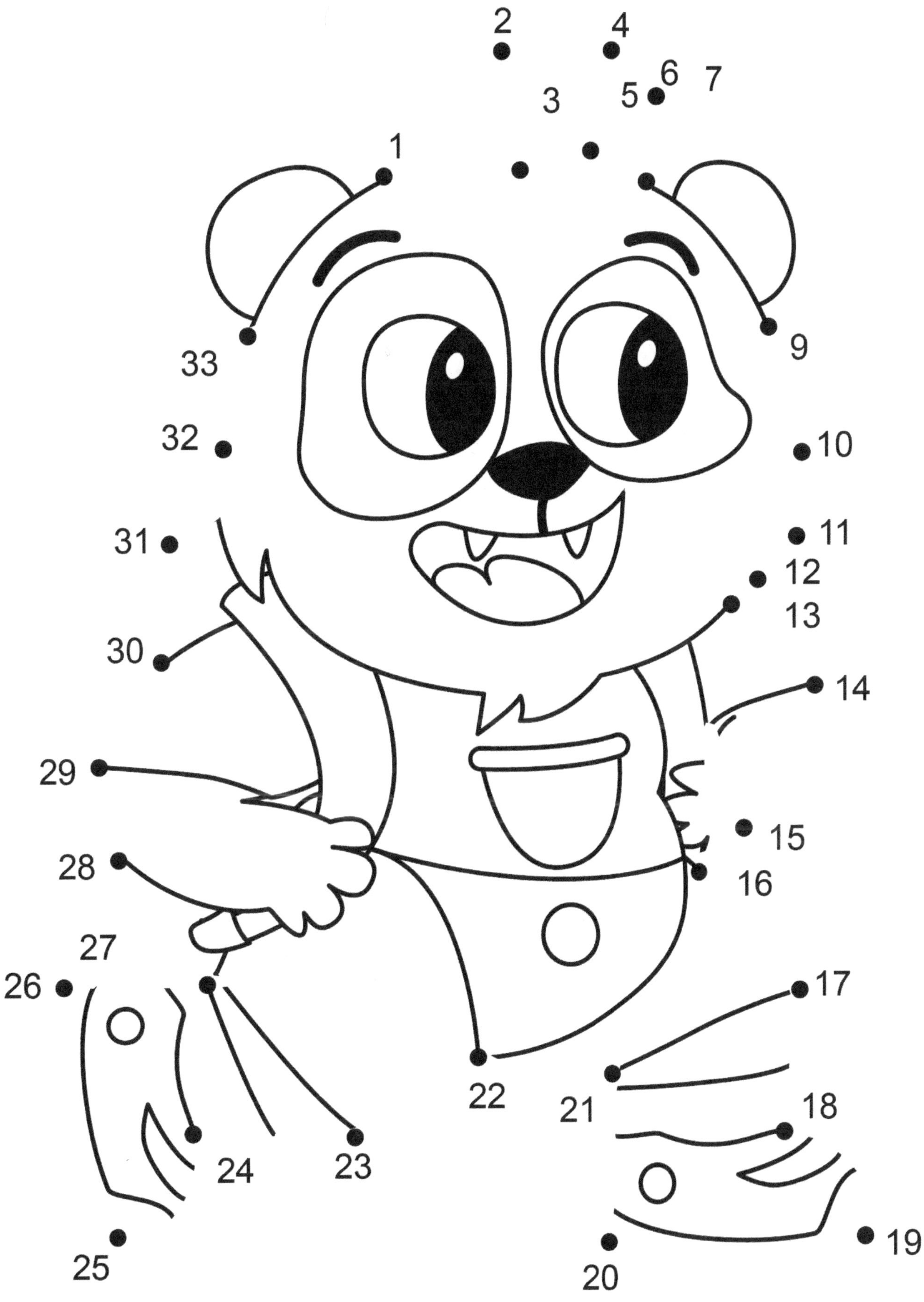

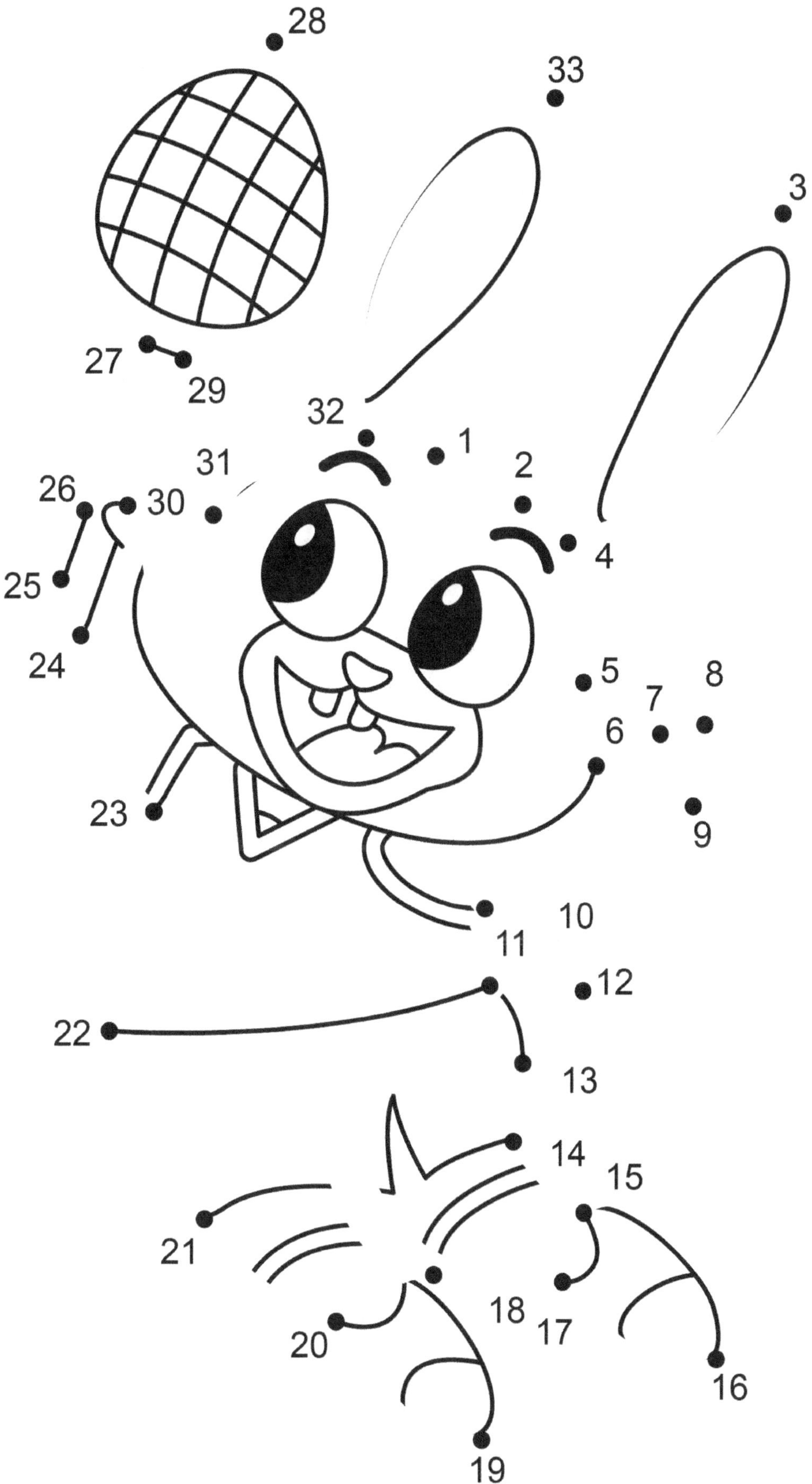

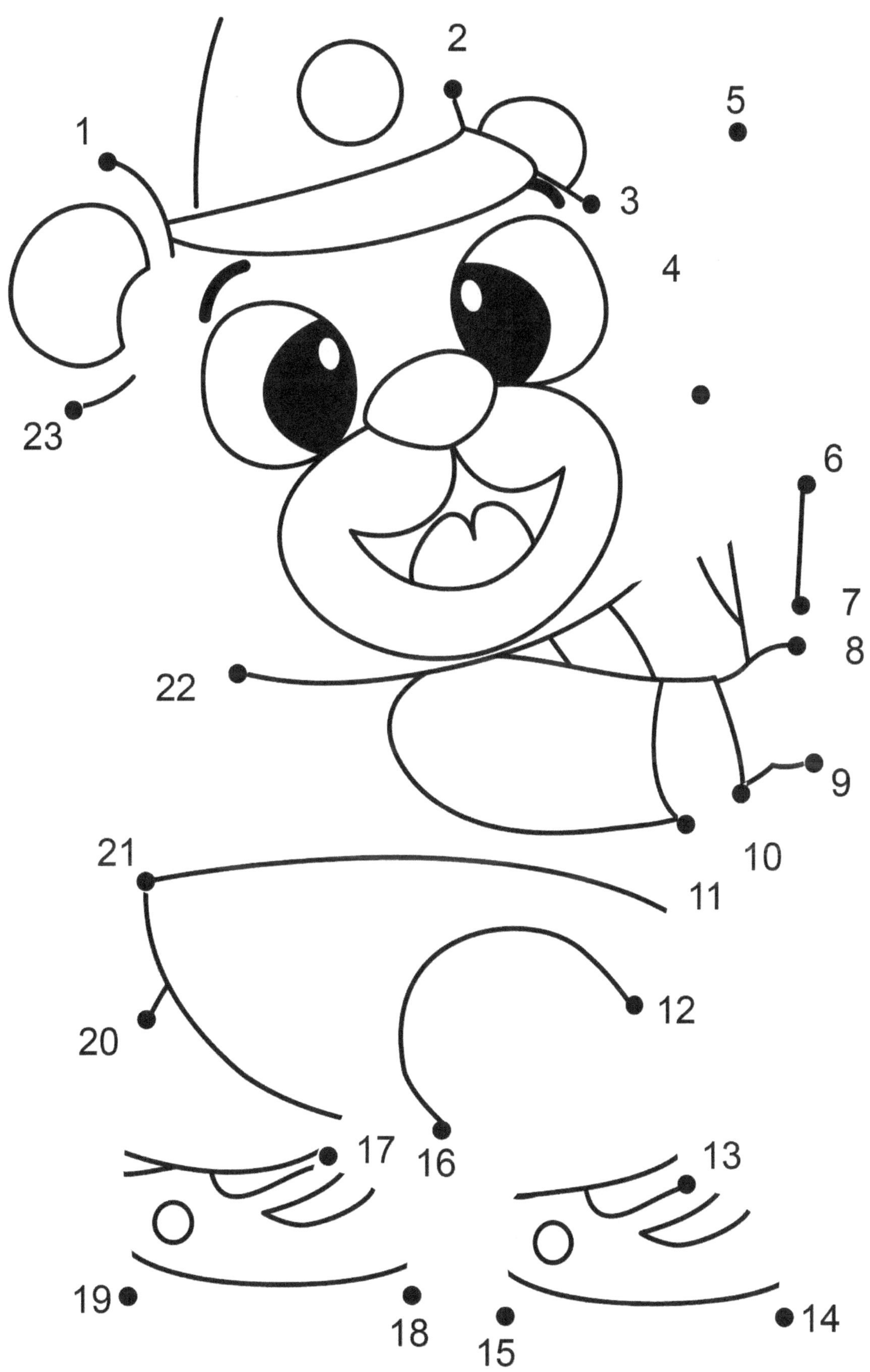

1
2
3
4
5
6
7
8
9
10
11
12
13
14
15
16
17
18
19
20
21
22
23

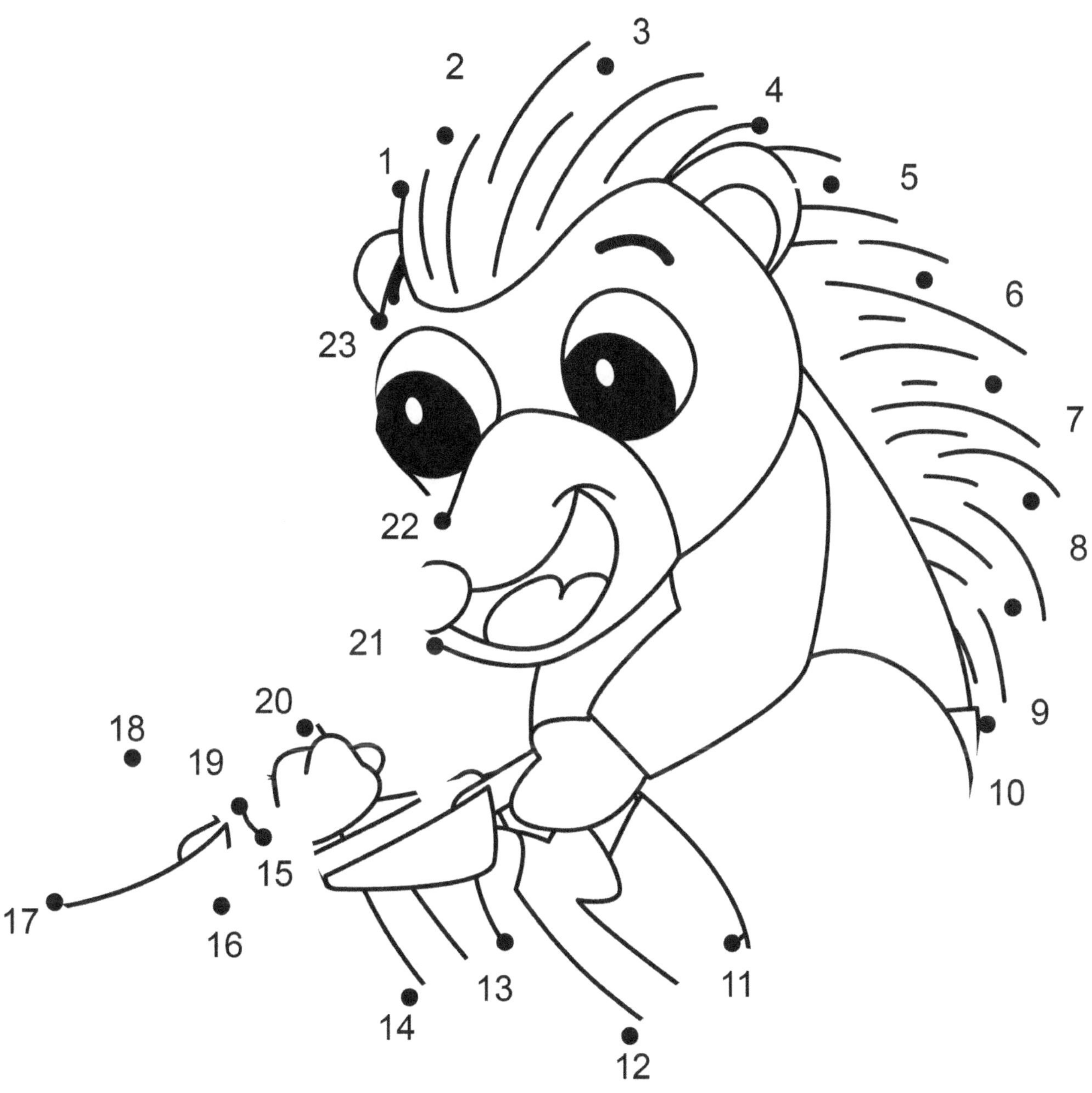

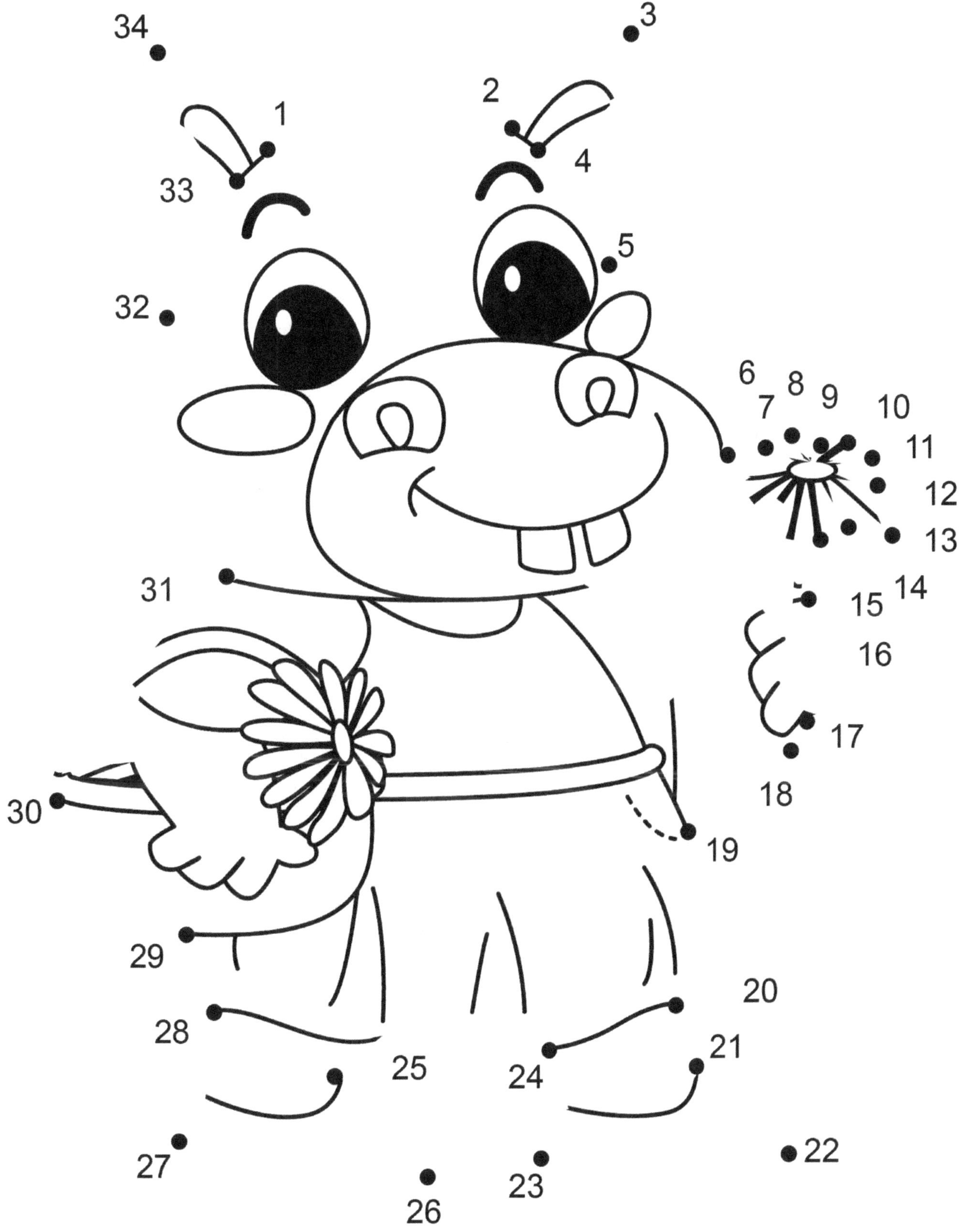

www.ingramcontent.com/pod-product-compliance
Lightning Source LLC
Chambersburg PA
CBHW080939120726
48003CB00011B/3219